玩转短视频营销

人人都能学会的短视频营销技能

叶 军◎主编

中国财富出版社有限公司

图书在版编目（CIP）数据

玩转短视频营销：人人都能学会的短视频营销技能/叶军主编.—北京：中国财富出版社有限公司，2023.12

ISBN 978-7-5047-7473-6

Ⅰ.①玩… Ⅱ.①叶… Ⅲ.①网络营销 Ⅳ.①F713.365.2

中国版本图书馆CIP数据核字(2021)第133856号

策划编辑	谷秀莉 杜 亮	责任编辑	张红燕 张思怡	版权编辑	李 洋
责任印制	梁 凡	责任校对	卓闪闪	责任发行	董 倩

出版发行	中国财富出版社有限公司		
社　　址	北京市丰台区南四环西路188号5区20楼	邮政编码	100070
电　　话	010-52227588转2098（发行部）	010-52227588转321（总编室）	
	010-52227566（24小时读者服务）	010-52227588转305（质检部）	
网　　址	http://www.cfpress.com.cn	排　　版	时代出书网
经　　销	新华书店	印　　刷	三河市宏顺兴印刷有限公司
书　　号	ISBN 978-7-5047-7473-6/F·3626		
开　　本	710mm×1000mm 1/16	版　　次	2024年1月第1版
印　　张	9.75	印　　次	2024年1月第1次印刷
字　　数	131千字	定　　价	58.00元

版权所有·侵权必究·印装差错·负责调换

前　言

自2019年年底以来，受新冠疫情的影响，线上营销和线上消费模式的优势得到了充分的展现，短视频营销也在各个平台被充分利用。头部主播带货一时间成为人们热议的话题。基于技术进步及社会形势、用户消费习惯变化等综合因素掀起了一波又一波营销热潮，短视频营销已经成为商品营销诸多方式中一种十分重要的形式。

正是立足于社会发展的实际情况，笔者编写了本书。本书紧紧围绕短视频营销的核心内容，从认识短视频、认识短视频营销、认识短视频的营销功能等方面分析了短视频与营销无缝衔接的密码。短视频营销最主要的功能是广告营销、品牌营销和社会化营销，这些营销正是企业和主播都十分关注的问题。笔者选了几个近年来影响较大的短视频平台——抖音、快手等，分析了这些平台的发展、现状及优势，使读者进一步了解这些平台的特点，以及它们所适应的营销类型，并深入分析了短视频营销的策略——如何选对平台、打造内容与故事等。最后，笔者聚焦于直播带货的现象，从职业背景、流量运用、直播设备、直播策略与方法、直播流程、直播内容制作、主播人设及变现等方面给出了实操性的直播方案，适合广大直播爱好者和直播企业参考使用。

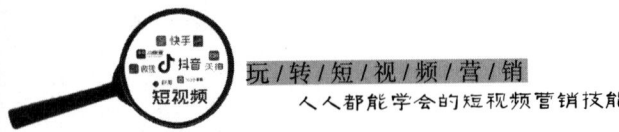

  在本书的编写过程中，笔者翻阅了大量的短视频营销案例，分析了蕴含在其中的规律，并提炼出了解决方案。本书的编写凝聚了笔者大量的心血，笔者真诚地希望本书能让更多的读者了解短视频营销，掌握短视频营销的方法，抓住短视频行业的发展红利。

笔　者
2022 年 12 月

目录 CONTENTS

第一章 认识短视频 1
一、何为短视频 1
二、短视频在我国的发展 3
三、短视频为何如此受欢迎 6
四、短视频的营销价值 9
五、短视频与商业的结合 10

第二章 短视频＋营销何以成为可能 15
一、移动互联网的推动 15
二、短视频平台的兴起 19
三、短视频+营销的秘密 26
四、短视频营销常用策略 30

第三章 1＋1>2：短视频的营销功能 33
一、营销特质：短视频给营销带来了便利 33
二、对传统营销模式的颠覆 35
三、让营销更加丰富和直接 39

第四章　短视频平台 41

　　一、短视频平台的分类 41

　　二、抖音 42

　　三、快手 44

　　四、西瓜视频 47

　　五、秒拍 52

　　六、抖音火山版（原火山小视频） 55

　　七、其他平台 59

第五章　策略：让不可能成为可能 63

　　一、选对平台 63

　　二、打造内容与故事 64

　　三、拍摄与制作 65

　　四、对接用户 67

　　五、精准推广 70

第六章　短视频广告营销 71

　　一、认识短视频广告 72

　　二、短视频广告的传播策略 80

　　三、短视频广告的营销实践 83

　　四、短视频广告的风险与监管 88

第七章　短视频上的品牌营销 95

　　一、改变品牌发展的路径 95

　　二、品牌传播并非一蹴而就 100

三、短视频品牌营销策略 105

第八章　社会化短视频营销 113
一、社会化短视频 113
二、社会化短视频的传播 115
三、社会化短视频的营销策略 117

第九章　带货：如何做好直播 121
一、带货成为职业 121
二、火起来的直播 122
三、流量 126
四、直播设备 131
五、直播策略与方法 133
六、直播流程 135
七、直播内容制作 140
八、主播人设 142
九、变现 145

参考文献 147

第一章　认识短视频

一、何为短视频

移动互联网技术的飞速发展、智能手机的普遍应用、4G（第四代移动通信技术）的全面覆盖以及5G（第五代移动通信技术）的逐渐普及，推动着我国社会由传统互联网时代进入移动互联网时代。在移动互联网时代，许多新的产品传播形态被创造了出来。这些产品传播形态中，发展最快的就是短视频。短视频平台的内容发布方便、传播迅速、短小精悍，具有很强的传播力和普及性。短视频一经出现，就很快在受众中普及，成千上万名用户涌进短视频的海洋中，用短视频的形式记录生活，同时也通过短视频来了解外界信息。

1. 短视频的内涵

短视频既是一种传播方式、新式媒介，又是一种传播形态，它强烈的互动特性，打破了实体消费在时间上和空间上的限制，将交互式传播理念体现得淋漓尽致。随着用户、需求、技术、政策的不断推动，越来越多的短视频平台崛起，越来越多的互联网用户聚集短视频平台中，一个庞大的产业骤然兴起。

2. 短视频的传播特点

（1）碎片化、高效化。海量的网络信息对信息检索提出了更高的要求。传统视频的检索用时较长，短视频平台的出现弥补了这种不足：

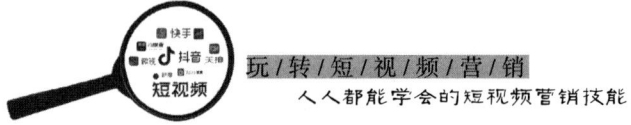

短视频检索时长短，短视频内容节奏鲜明、趣味性强，用户可根据自身情况，利用碎片化时间随时随地浏览短视频新闻；短视频可以将抽象的词语转换为具体的视频，使受众更直观、更形象地理解内容，吸引受众注意，增强受众浏览的兴趣，实现内容的高效传播。同时，短视频平台功能的逐步完善，创作者采集信息、处理信息、发布信息耗时大为缩短，使用户浏览信息、交流反馈的效率大幅提升。

（2）生活化、热点化。相关研究表明，娱乐类视频播放量较大，更受观众喜爱。短视频将文字、图像、音乐等有效融合起来，进行趣味化处理，将所需传达的新闻内容幽默形象地展示给人们。许多生活化、热点化的视频的出现，增强了短视频的吸引力，进一步提升了用户黏性。

（3）分散化、整合化、叠加化。短视频大多为数十秒到数分钟不等，最长不超过10分钟，适合用户利用闲暇时间观看。填满用户碎片时间的短视频看似零散，实则遵循着各个垂直细分领域的逻辑规则。一个短视频账号往往只发布某一领域内的相关内容，这些短视频接连构成了一个账号制作和发布视频的内在逻辑，从而吸引固定、持久的粉丝关注。另外，短视频既可单独呈现，又可被视频网站、直播平台利用，结合长视频，起到相辅相成的叠加作用。例如，一些直播平台需要主播长时间在线输出内容，当主播下线时，就可以通过精彩回放、轮播与主播相关的短视频，吸引各个时段的用户。

（4）简单化、多样化。短视频内容制作流程简单，对技术、设备要求不高，只需具备网络、智能手机即可完成视频内容的生产与发布。短视频"随走随拍"的方式克服了传统视频拍摄方式对机位安排、角度选取的限制，使信息活跃程度得以提升，使传播者与受众间的互动得以加强。另外，短视频融合文字、图片、视频等媒介，用户可浏览动态视频，视频之间的跳转十分简便，视频播放结束后可根据用户所选内容跳出相似的短视频，形成多样化的动态信息流，极大地满足了用户的同类信息需求。基于这一点，一些短视频平台为同类产品的发布提供了方便，容易产生集团性、规模性效益。

2019年以来，受新冠肺炎疫情的影响，线下实体消费行为受到了前所未有的影响，许多商家开始转战互联网平台，通过短视频营销或者视频直播的形式销售产品。这个过程催生了一系列新的职业和工作岗位，在社会层面解决了大量的就业岗位，在企业层面缩短了从产品到用户之间的距离，在个体层面提供了新的工作岗位，增加了收入。

用户用移动智能设备快速拍摄、美化加工，然后随时在社交媒体平台上发布，将信息传播出去。自诞生之日起，短视频便以其趣味性、亲民性、互动性、精准性等优势吸引了大量受众，成为互联网传播的常用形式。

二、短视频在我国的发展

1. 短视频在我国的发展阶段

在短视频兴起之前，传统视频产业（如视频网站）已经历了多年的发展期，如土豆网、PPTV网络电视、六间房、优酷网等都是相对成熟的传统网络视频平台的代表。随着智能终端的迅速普及、互联网环境的不断优化，视频领域的主战场从PC（个人计算机）端转移至了移动客户端，给用户充分利用碎片化时间提供了便利。根据产品性能、平台依托及内容生产等方面的不同，可将短视频产业的发展分为以下几个阶段。

（1）肇始期：2011—2014年。2011年，随着移动互联网技术的发展，短视频应运而生。到2013年，炫一下科技推出了早期的短视频应用——秒拍。在新浪微博的后台支持、大量明星的带动作用下，秒拍得

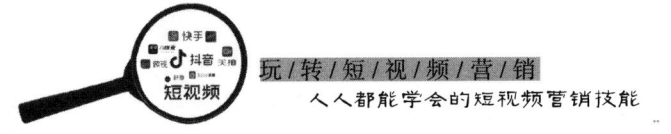

到迅速发展；同年，腾讯推出微视，允许用户发布时长为8秒内的内容，并可以分享至微信、腾讯微博等社交平台。秒拍、微视等基于社交平台类的短视频的出现拉开了移动短视频兴起的序幕。

（2）转型期：2014—2015年。与前一阶段相比，这一阶段短视频的发布渠道逐渐多元。例如，快手以平民化、草根化的内容为特色，内容的发布所受限制极小；小影则以个性化工具生产的领域为特色，为用户提供视频剪辑、配音等服务。总体来说，这一阶段，短视频产业呈现出了百花齐放的态势。

（3）快速发展期：2016—2017年。这一阶段短视频产业最明显的特征是视频创作者发生了巨大变化，短视频内容不断向垂直化、精准化方向发展。例如，秒嗨以体育类短视频为主要方向。

（4）调控期：2018年至今。短视频平台不是法外之地。由于其发展迅速，许多新问题的出现逐渐得到了国家行政部门的重视。例如，2018年4月，中华人民共和国国家互联网信息办公室（简称国家网信办）正式约谈快手、火山小视频等相关负责人，对平台先前发布未成年人怀孕、早恋等有违社会道德的内容提出严厉批评，责令全面整改；内涵段子则被国家广播电视总局责令关停；全国"扫黄打非"办公室召集斗鱼、花椒等18家互联网公司的负责人，召开网络直播及短视频企业加强内容安全管理会议，要求落实监管要求。

2. 短视频发展中存在的问题

（1）制作门槛不高。一些用户在使用短视频平台时，多多少少存在猎奇心理。奇怪、超出常理的视频内容更能吸引用户，收获关注度与点击量。基于这一点，一些短视频制作者就将内容的"俗"理解为"奇"，导致诸如"早恋直播""低龄产子""色情污秽"等低俗内容在平台上传播，对一些辨别能力比较弱的青少年产生不良影响。网红巨大的吸金能

第一章 认识短视频

力,吸引更多人参与短视频创作,短视频的数量呈爆炸性增长。这种增长增大了平台内容审核的工作量,使得一些没有经过审核的、不符合公序良俗的内容成了漏网之鱼,给社会,尤其是青年人的认知带来了极为消极的影响。

(2)权益保护不完善。短视频由用户制作并发布,凝聚着创作者的心血,展现制作者的个性。短视频内容具有独创性、不可侵犯性,具有著作权,受《中华人民共和国著作权法》保护。现阶段,我国短视频行业的侵权行为较为常见,还没有得到足够的重视。例如,一些音乐短视频的背景音乐的使用并未获得作者同意与授权,一些娱乐视频中的电影台词同样忽略了版权问题。这些侵权行为,按照《中华人民共和国著作权法》的规定应负民事责任,情节轻者需亲自声明道歉,情节重者需承担赔偿责任。这一点还应该进行深入探讨,形成保护机制和规则,以保护原创者的权益和维持其创作热情。

3. 短视频的优化

(1)平台方应落实主体责任,当好"把关人"。"把关人"由库尔特·卢因提出,其作用在于过滤、筛选信息,将符合社会价值标准、群体规范的信息传播出来,将不良信息过滤掉。从这个角度看,短视频平台应健全"把关人"机制,履行"把关人"责任,严格审查内容,把好内容关、分寸关、政策关,营造风清气正的短视频传播环境。

(2)建立规则,重视合法权益保护。短视频平台应严格制定短视频发布流程和规则,保护原创者的合法权益。随着国家监管力度的不断加大,许多平台开始重视原创、鼓励原创。例如,一些平台推出了"拍视频赢红包"活动,激发用户的创新意识,推动内容制作走向原创。

(3)加强舆论引导,弘扬社会主义核心价值观。在短视频领域中,用户既可以是信息的受众(消费者),也可以是创作者(内容生产者)、监督者。短视频平台监管机制的健全离不开用户、平台、政府部门的共同努力。用户应努力提升自身媒介素养,加强自我约束,同时应加强明辨是非的能力,做好监督工作,及时举报违规乱纪现象,维护网络环境的良好秩序;平台应加强对内容的审核,引导形成良好的网络风气;政府部门应健全制度,加大监管力度。通过内容把关、行业监管等多方面的治理,用社会主义核心价值观引导短视频领域的发展,就会逐渐形成短视频产业的良性、健康发展。

三、短视频为何如此受欢迎

毫无疑问,短视频在今天众多的媒介形态中备受欢迎,人们拿起手机,将更多的闲暇时间花在了短视频浏览,也有越来越多的人将主要精力投入短视频制作,将其作为一种谋生手段。

1. 原因所在

(1)科技发展助推短视频传播更便捷、更智能,使人们摆脱了传统摄影器材的笨重感,让拍摄趋于生活化。人们通过各种平台分享生活、享受娱乐,满足了人们的记录生活、分享生活、探寻生活的心理需求。首先,短视频平台的技术发展使内容制作更加便利、传播更加便捷、优势更加集中、内容更加便于理解、娱乐化的特点更加突出,许多制式的拍摄方法让没有拍摄经验的人也能够轻松掌握;其次,短视频以视听结合的形式传播,流行的音乐背景,加上视频特效、风趣幽默的搞笑技能等表现形式,能迅速吸引受众的注意力;最后,短视频有多种类型,各种类型能够满足不同受众的需求。这些都是科技发展的作用。没有科技的发展,如移动互联网技术、智能技术等,就不会有短视频这种媒介的出现。

(2)给用户主动权,将互动性、主动性、创造性充分调动出来。短

第一章 认识短视频

视频的参与主体是用户，只要是短视频平台的用户，就可以制作、发布短视频。相关研究表明，短视频用户参与度高的原因有以下几个方面。首先，年轻网民是短视频平台的主力军。我国拥有庞大的网民基数，其中青少年占了大多数，他们是网络用户的主力军。短视频顺应了网民主体结构特征，趋于年轻化，年轻用户富有想象力、创造力，通过短视频展现自我，为短视频注入源源不断的新鲜血液。其次，好奇心的驱使。用户在休闲娱乐时倾向于选择放松的活动，而短视频风趣幽默、肆意洒脱，较为轻松，声情并茂，有些含有"恶搞"的成分，带有幽默、搞笑属性，容易吸引用户（尤其是年轻用户的注意力），有利于用户在繁忙的工作之后放松心情、调节情绪。再次，无意识的传播行为。无意识传播是传播者在无意识状态下推动社会信息传递和社会信息系统运行的行为。在短视频环境中，当用户发现了某一个有趣的内容时，就会"无意识地"进入"主动"转发的模式。最后，趋同心理和从众心理的影响。趋同心理又叫遵从性，是指个人希望与群体中的多数意见保持一致，避免因孤立而遭受群体制裁的心理。在短视频中寻找归属感，寻求群体身份认同，就是这种趋同心理的体现。从众心理是指个人在群体的影响下或压力下，放弃自己的意见，违背自己的观点，使自己的言论、行为与群体保持一致的现象。

（3）名人效应拉动。名人效应指的是名人出现所达到的引人注意、强化事物、扩大影响的效应，或人们模仿名人的心理现象。名人效应可带动人群，产生引领潮流的效果。在许多短视频平台上活跃着大量的明星，他们的出现会反过来推动短视频的传播，让越来越多的人参与其中。

2. 反思

短视频的迅速发展，为用户带来了便利的同时，也带来了一些问题，

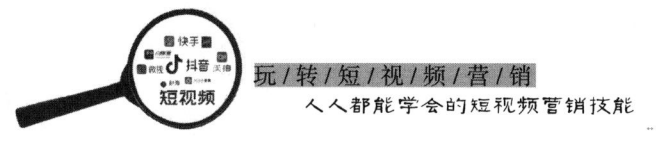

需要我们去反思。

（1）短视频内容应力求做到雅俗共赏。雅俗共赏指的是文化程度高者与文化程度低者都可以欣赏，风雅之士与世俗之人都可以接受的状态。当短视频成为涉及经济利益的商品时，就需要不断迎合更多人的消费需要，难免会走向通俗化。但不能否认，个别短视频内容是以低级趣味来取悦受众的。矛盾的产生就在于人们观看某些短视频后指责其造成了精神污染，但在发现别的短视频时又因猎奇心理而继续观看……雅俗共赏应该是视频的传者追求的方向，不要一味地放纵自己，去迎合一些不文明、不健康、落后的、愚昧的东西。

（2）网民应加强自身修养，理性认识新事物。网络是一个鱼龙混杂的虚拟世界，短视频内容的好坏也取决于网民的上网意识。作为网民的主力军，青少年在使用网络资源时，应加强自身修养，自觉用法律法规和道德规范约束自己的行为，不做违法犯罪的行为，不传播不健康的内容，从自身做起，用社会主义核心价值观要求自己，维护网络世界的一片净土。

（3）传播正能量，扮演好各自的角色。短视频的创作者，应提高自身的素质，树立良好的形象，在表演形式上、内容上符合主流文化，积极传递正能量，引导青少年树立良好的人生观、价值观。短视频的制作形式要创新，短视频的内容要新颖，要有文化内涵，要去低俗、去恶俗、去媚俗，营造良好的观看氛围。

（4）加强行业自律，做好"把关人"。监管力度不足是短视频平台中存在的问题之一。短视频平台本身要加强自身建设，推行网络实名制，做好"把关人"，切断问题根源，避免打"擦边球"现象的发生。短视频平台应严格按照政府监管的要求，做到行业自律，多管齐下才能使短视频产业健康发展，才能将高质量的短视频呈现给用户。

四、短视频的营销价值

经过多年的发展，短视频平台用户量激增，海量的用户吸引许多产品方进行布局，推动短视频逐渐成为移动互联网时代最重要的商业媒介类型之一，成为很多产品方十分关注的营销形式。不过，要做好短视频，还需要投入更多的精力。在实际的短视频营销过程中，除推出一些较大的营销活动外，还应该长期维护好品牌的声誉，实现与受众的长效互动，保持热度。

1. 短视频用户带来的营销价值

《2019短视频营销白皮书》表明：2018年短视频用户集中在18～35岁，用户的短视频使用黏性也在逐渐变强，同时35岁以上和二、三线城市的用户比2017年明显增加；2018年短视频平台的使用频次、时长比2017年均大幅增长，其中平均单次使用时长达到33.6分钟，日均使用总时长达到83.6分钟；短视频内容消费突破场景限制，呈现出覆盖面广、场景化全的特征；短视频多维立体的展示形式，成了一种记录美好生活的新方式，40%的用户有过拍摄并上传短视频的行为，其中，25.1%的用户经常拍摄并上传短视频。

2. 短视频自身的优势带来的营销价值

近年来，短视频营销已经成为新的营销战场。短视频成为产品新的社交语言。经过近几年的快速发展，短视频营销的各环节相对完善，已成为人们生活中的主流内容消费之一。海量的用户使得短视频成为产品营销中重点投入的领域。短视频原创性强、互动性强、场景丰富、创意度高的优势，有助于产品方在品牌建设、内容营销等过程中覆盖更多人群，实现立体化、多元化、精准化表达，锁定目标用户。

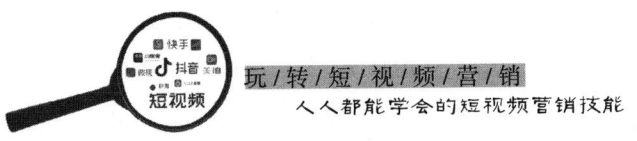

3.短视频的价值创造

短视频的价值包括以下几点：推动创造更多的社会价值，很多历史文化丰富的城市在短视频平台上走红，成为"网红城市"，同时带红了许多旅游文化产品，如西安的毛笔酥、兵马俑、摔碗酒等，吸引更多的游客去旅游，获得了更多的价值；促进用户创造价值，短视频对于用户来说能够记录生活、表达价值，获得有用的信息，一些生活知识、科普知识、历史文化知识等通过短视频传播满足了很多用户的知识需求，客观上促进了知识的传播；促进专业创作者创造价值，创作者是短视频内容的主力军，短视频因他们的创作而精彩，而用户可以从中发现各种有价值的内容。

五、短视频与商业的结合

短视频是继文字媒介、图片媒介、传统视频媒介之后出现的新的信息传播媒介，具有轻量化、娱乐化、互动性强、个性化、社区化等优点，能够满足移动互联网时代用户对碎片化、动态化内容的消费需求，一经出现就受到了较多的关注。在众多的短视频平台中，以抖音等为代表的短视频平台抓住了行业发展的红利，商业变现模式走向成熟，实现了快速增长。短视频与商业营销的结合主要体现在以下几个方面。

1.短视频成为广告和营销窗口

中国网络视听节目服务协会于2020年10月发布了《2020中国网络视听发展研究报告》（以下简称《报告》），其从我国网络视听行业的规模与格局、网络视听用户的行为特征与喜好等角度，分析了2019—2020年我国的网络视听行业现状和发展趋势。《报告》表明，截至2020年6月，我国网络视听用户规模达9.01亿，较2020年3月增长了4000多万，且由于受新冠肺炎疫情的影响，大多数网民的娱乐需求转移至线

第一章 认识短视频

上，带动了网络视听行业用户规模的爆发式增长。短视频平台既是社交平台，又是展示平台，会聚了海量的用户，是很好的产品推广及产品营销的窗口。在实体店受影响的情况下，许多产品方和电商方加大了对短视频营销的投入。据相关机构统计，我国短视频市场规模由 2016 年的 19 亿元增长至 2020 年的 2051.3 亿元，年均复合增长率达到 222.3%[①]。随着内容形式的不断丰富、变现方式的多样、用户渗透率的持续增长以及新冠肺炎疫情等各种因素的影响，2021 年短视频市场规模依然强势增长。

案例：

以抖音为例，截至 2020 年 6 月，抖音短视频平台的日活用户已达到 6 亿，其中 30% 的用户每天使用抖音的时长超过了半小时，抖音的企业号数量已经突破 500 万，抖音企业号的方向涵盖了现有的近 30 个行业以及近 300 个细分行业。抖音的日均浏览量达到了 200 亿次，平均每个企业号的视频可以带来 18 个商机。此外，抖音企业号还为企业提供了发布多种产品的能力，通过提供权益、工具等方法帮助企业实现直播流量的转化、广告投放、小程序开发、组织挑战赛等，提高产品的传播能力与转化能力。

如今，短视频不再只是为了娱乐，短视频的渗透率不断提升，短视频平台的内容日益多元化，已经与各领域叠加，向电商、直播等多个方向不断深入发展，产生了很大的影响力。例如，短视频逐渐成为新闻报道的新选择。短视频短小精悍，能够在短时间内传播大量信息，丰富新闻叙事的方式及新闻报道的渠道，创新新闻传播的手段；短视频与电商平台紧密结合，许多电商平台布局短视频业务，利用短视频生动形象地

---

① 参考观研天下的统计数据。

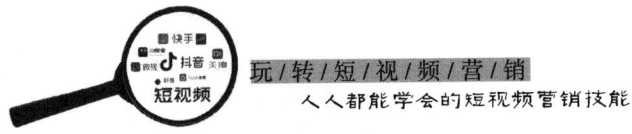

展示商品，引导用户了解、认识产品，激发用户的消费需求，提升由观看到购买的转化效率，目前短视频已经成为主流电商平台的标准配置，营销功能日益凸显；短视频已经与旅游市场深度融合，旅游景点的风光通过短视频这种形式，能够更好地展现其特点，近年来，短视频营销将一大批旅游景点与平台用户直接联系起来，除了景点自推，游客通过短视频平台的"打卡"也会在一定范围内促成对景点的宣传推广。

2. 短视频的商业化程度不断提高

随着流量价值竞争的白热化，短视频行业逐渐由增量市场竞争转为存量市场角逐，各平台纷纷布局社交、电商等领域，提升用户黏性和用户留存，进行流量精细化运营。电商已经逐渐成为短视频平台新的营收增长点。自2019年以来，电商直播的发展突飞猛进。相关研究表明，电商直播是2021年发展最快的网络营销类型。目前，电商直播已取得巨大的成绩，不过市场并未饱和，仍有极大的提升空间。各平台也在运用技术手段深度挖掘短视频营销的应用价值。例如，抖音试图通过增强用户之间的关系链来引入社交推广，进一步挖掘短视频的营销价值。抖音于2019年陆续推出多闪（主打视频社交）和飞聊（主打兴趣社交）等产品，下场内测"连线""熟人"功能，分别布局陌生人社交和熟人社交。字节跳动还成立电商业务部门，统筹抖音、今日头条、西瓜视频等多个平台的电商业务运营；腾讯则依托自身流量优势和强社交关系链，打造具有竞争力的短视频平台，陆续推出微视、闪咖、下饭视频等10余个独立的短视频平台产品，以应对逐渐崛起的同类短视频平台的竞争。

3. 短视频营销前景光明

5G的飞速发展和普及为短视频营销带来了更多的可能、更大的潜力。各领域在短视频平台的加持下不断叠加，展现出强大的营销能力。

第一章 认识短视频

相关研究报告显示,短视频领域市场规模在互联网传播类型中占比最大,可达 29%。在短视频不断火热的状况下,其受到了资本市场的青睐。随着短视频平台的不断发展壮大,在资本市场中,将迎来短视频企业的上市潮。

案例:

近年来,快手已经进行了多次融资,每次融资都受到了一些大企业的欢迎:2017 年 3 月,快手宣布获得腾讯 3.5 亿美元的融资;2019 年,腾讯连续两次加码快手;在快手的 F 轮融资中,腾讯仍然是领投者,红杉资本、博裕资本、云锋基金和淡马锡也参与了投资。

短视频平台的发展遇到了前所未有的机遇。随着资本实力的倍增,其创新技术的发展也有了保障,反过来会增强用户的体验感和消费欲望。不过,我们也应该看到,技术的发展在带来便利的同时,也会产生一些弊端,如用户信息保护的问题、低俗内容传播的问题、监管不到位的问题、假冒伪劣产品较多的问题及网红主播偷税漏税的问题等,因此,从商业营销的角度来看,短视频平台在发展壮大的过程中,也应该下大力气提升自我监管能力,确保平台在我国现行法律框架内运行,确保用户的合法权益及短视频生态链的健康、有序运转。

第二章　短视频+营销何以成为可能

一、移动互联网的推动

移动互联网是移动通信与互联网融合的产物，继承了移动通信随时、随地、随身以及互联网分享、开放、互动的优势，是对两者优势的整合，具体表现为运营商提供无线接入，互联网企业提供各种成熟的应用。移动互联网就是将移动通信与互联网结合起来，融为一体，是互联网的技术、平台、商业模式、应用与移动通信技术结合并实践的活动的总称。通过智能手机、平板电脑等方便携带的终端设备，以移动网络或者Wi-Fi（无线网络通信技术）热点形式连接互联网并获取网络服务的一种方式。Dropbox（多宝箱）应用就是典型的移动互联网应用。移动互联网业务和应用包括移动环境下的网页浏览、文件下载、位置服务、在线游戏、视频浏览及下载等业务。随着宽带无线移动通信技术的持续迭代，移动互联网业务的发展将成为继宽带技术后互联网发展的又一个推动力，为互联网发展提供新的路径，推动互联网拥有更广的覆盖面。

1. 移动互联网的特点

移动互联网小巧轻便、通信便捷，用户可以随时、随地、随心地享受互联网业务带来的便利。同时，移动互联网带来了更丰富的业务种类、更细分的个性化服务和更高服务质量的保证。与传统互联网相比，移动互联网具有以下特点。

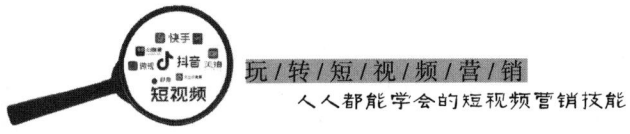

（1）即时性、精确性。移动互联网的便捷性、便利性，使得用户可以充分利用生活中、工作中的碎片化时间，接受、处理互联网上的各类信息。在移动互联网环境中，用户不再担心错过重要信息、时效信息。无论是什么样的移动终端，其个性化程度都相当高。尤其是智能手机，每个电话号码都精确地指向一个明确的个体，使得移动互联网能够针对不同的个体提供更为精准的个性化服务。

（2）便捷性、便携性。移动互联网的基础网络是一张立体的网络，GPRS（通用分组无线业务）、3G（第三代移动通信技术）、4G、5G、WLAN（无线局域网）或Wi-Fi的无缝覆盖，使得移动终端具备了方便联通网络的特性。移动互联网的基本载体是移动终端。移动终端包括智能手机、平板电脑、智能眼镜、智能手表、服装、饰品等随身物品，它们便于携带，可被随时随地使用。

（3）感触性、定向性。这一点既体现在移动终端屏幕的感触层面，还体现在照相、摄像、二维码扫描、重力感应、磁场感应、移动感应、温度感应及湿度感应等无所不及的感触功能。基于位置的服务（LBS），不仅能够定位移动终端所在的位置，而且能够根据移动终端的趋向性，确定下一步可能去往的位置，使得相关服务具有可靠的定位性、定向性。

（4）网络的局限性。移动互联网业务在带来便利的同时，也受到了来自网络能力和终端能力的限制：在网络能力方面，会受到无线网络传输环境、技术能力等因素的限制；在终端能力方面，会受到终端大小、处理能力、电池容量等的限制。

（5）业务与终端、网络的强关联性和业务使用的私密性。因为移动互联网业务受到了网络及终端能力的限制，所以其业务内容、形式也需要特定的网络技术规格和终端类型。在使用移动互联网业务时，所使用

第二章　短视频+营销何以成为可能

的内容和服务私密性更强，如手机支付业务等。

2. 移动互联网的发展现状

移动互联网已经覆盖到了社会生活的方方面面，新闻阅读、视频节目、电商购物、公交出行等热门应用都出现在移动终端上了，在苹果商店、安卓商店的下载已达到数百亿次，而移动用户规模更是超过了PC用户。企业用户认识到移动应用的必要性，纷纷规划、摸索进入移动互联网，加快了企业移动应用市场的发展。目前，世界各国都在建设自己的移动互联网，各个国家由于国情、文化的不同，在移动互联网业务的发展上也各有千秋，呈现不同的特点。一些移动运营商采取了较好的商业模式，成功地整合了价值链环节，取得了一定的用户市场规模。

3. 移动互联网的发展趋势

20世纪80年代前后，个人计算机和桌面软件掀起了信息产业的第一次浪潮，PC走进了人类的办公室。进入20世纪90年代后，互联网掀起了信息产业的第二次浪潮，极大地改变了人们的工作方式与生活方式。移动互联网的发展推动了移动数据流量的井喷，推动移动网络的升级换代。移动互联网在短短几年时间里，已渗透到社会生活的方方面面，产生了巨大影响，但它仍处在发展的早期，变化是它的主要特征，革新是它的主要趋势。

移动互联网的发展趋势主要体现在以下五个方面。

（1）移动互联网与传统行业融合，催生新的应用模式。在移动互联网、云计算、物联网等技术的推动下，传统行业与互联网的融合正在呈现新的特点，平台和模式都发生了改变。这一方面可以作为业务推广的一种手段，如食品、餐饮、娱乐、航空、汽车、金融、家电等传统行业的App（智能手机第三方应用程序）和企业推广平台，另一方面重构了移动端的业务模式，如医疗、教育、旅游、交通、传媒等

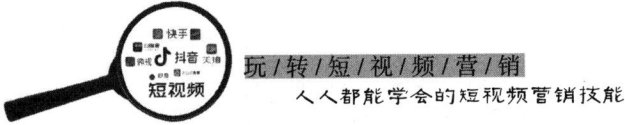

领域的业务改造。

（2）移动互联网超越PC互联网，引领发展新潮流。有线互联网是互联网的早期形态，移动互联网是互联网的未来。PC只是互联网的终端之一，智能手机、平板电脑、电子阅读器已经成为重要终端，电视机、车载设备正在成为终端，随着技术的发展，抽油烟机、冰箱、微波炉、照相机、眼镜、手表等都可能成为泛终端。

（3）移动互联网商业模式多样化。成功的业务需要成功的商业模式来支持。移动互联网业务的新特点为商业模式创新提供了空间。随着移动互联网发展进入快车道，网络、终端、用户等方面已经打好了坚实的基础，不盈利的情况已开始改变，移动互联网已融入主流生活与商业社会。移动游戏、移动广告、移动电子商务、移动视频等业务模式的流量变现能力快速提升。

（4）不同终端的用户体验更受重视。终端的支持是业务推广的生命线，随着移动互联网业务逐渐升温，移动终端解决方案也不断增多。2011年，主流的智能手机屏幕是3.5~4.3英寸[①]，2012年发展到4.7~5.0英寸，而平板电脑以mini型最为流行。不同大小屏幕的移动终端，其用户体验是不一样的，适应小屏幕的智能手机的网页应该轻便、轻质化，它承载的广告也必须适应这一要求。而目前大量互联网业务迁移到了手机上，为了适应平板电脑、智能手机及不同操作系统开发了不同的App，H5（超文本5.0）的自适应尽管较好地解决了阅读体验问题，但是还远未实现轻便、轻质、人性化，缺乏良好的用户体验。

（5）大数据挖掘成"蓝海"，精准营销潜力凸显。随着移动带宽技术的迅速提升，更多的传感设备、移动终端随时随地地接入网络，加之

---

① 1英寸约为2.54厘米。

第二章 短视频+营销何以成为可能

云计算、物联网等技术的带动，中国移动互联网也逐渐步入大数据时代。目前的移动互联网领域，仍然是以位置的精准营销为主，但未来随着大数据相关技术的发展，人们对数据挖掘的不断深入，针对用户定制的个性化应用服务和营销方式将成为发展趋势，将是移动互联网的另一片"蓝海"。

在移动互联网时代，传统的信息产业运作模式正在被打破，新的运作模式正在形成。对于手机厂商、互联网公司、消费电子公司和网络运营商来说，这既是机遇，也是挑战，他们积极参与到移动互联网市场的竞争中。

二、短视频平台的兴起

1. 移动短视频兴起的原因

（1）互联网技术的全面发展和智能手机的全面普及。目前，我们已经迈入 Web 3.0 时代，宽带技术、Wi-Fi 普及后，移动视频技术日益成熟，手机、平板电脑等设备已经从单纯的通话、拍照设备发展成了可以移动的口袋电脑，由通信终端变成了媒体终端。视频成为优于文字、图片、音频的社交方式。手机上网比例持续提升，新兴媒体环境下的人们习惯于拥抱甚至是主导新事物，越来越追求深度参与、体验至上，新的消费观和社交方式催生了各种各样的手机直播 App。移动短视频平台所实现的碎片化内容、去中心化传播、个性化的追求、快餐式消费等特点打破了 PC 端直播形态的桎梏，大大满足了用户视频消费的社交需求与互动需求。

（2）商业利益的驱动。伴随着直播平台的兴起，越来越多的人开始通过移动短视频将自己的兴趣爱好、才华，甚至是生活场景片段展示给大众，一些内容制作者吸引了大量的粉丝，并在网络上走红。网红主播

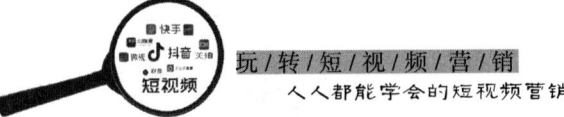

在直播过程中，通过各种形式的表演与用户互动，用户可以通过直播平台向喜欢的主播送礼物，这些礼物都是平台自带的需要花钱购买的虚拟道具，比如鲜花、钻石、游艇等，在直播界面上都能显示出来。因此，一些本身就自带流量的明星、网红等，能够迅速地将人气变现，通过与直播平台分成实现双赢。例如，2016年里约奥运会"洪荒少女"傅园慧，在映客直播首秀时，短短1个小时内就吸引了千万名用户同时在线观看，收到了318余万映票，按照10：1的折算比例，收入超30万元；2016年12月，观看王菲"幻乐一场"演唱会直播的总人数达到了2100万人左右，共计收获了超2800万份礼物，折合人民币280余万元。如此可观的收入，吸引越来越多的用户加入直播平台中，不仅可以与喜欢的主播"零距离"接触，还可以展现自我。因此，移动短视频为一些有才华、有个性的用户开辟了一条虚拟内容创业的全新路径。

（3）移动短视频激发了用户的主动性。移动短视频可以进行便捷化、多样化的直播，相较于早期的电视直播、视频录播来说，移动短视频直播降低了投入门槛，用户只需要拥有一个智能手机、注册一个账号，就可以随时随地参与直播，成为"麦克风"和"摄像机"的拥有者，直播效果也无限放大。用户不仅可以与原本遥不可及的明星、网红以及所关注的人"零距离"、零时差地互动，而且可以自主地在直播平台上尽情展现自我，张扬个性，获得极大的心理满足感。移动短视频让用户与这个世界有同步感、参与感，增加用户表达的机会，增强表达的效果。目前，移动短视频已经成为人们极方便、极常见的娱乐方式与社交方式，改变了内容消费的习惯，扩大了用户的自主选择权。

2. 移动短视频平台的直播

（1）直播的特点。移动短视频平台的直播有以下四个方面的特点。

第二章 短视频+营销何以成为可能

①传播快捷、方便。快捷、方便的信息传播方式是移动短视频最大的特点和优势。在任何时候，只要用户有直播想法，就可以进行直播，也可以随时随地地快速获得自己想要了解的直播信息，随时与主播进行互动。移动短视频的内容可以一键分享到微博、微信、QQ等社交平台上进行二次传播。这种随时随地、随拍随传的即时化特点打破了时间和空间的束缚，满足了当下人们的碎片化的阅读和社交的需求。因此，无论从传播信息的角度看，还是从获得信息的角度看，移动短视频都具有快捷、方便的特征。

②实时互动，双向传播。在传统直播中，互动仅限于主持人与观众之间，属于单向互动。电视台进行直播时，观众可以通过热线电话、发送短信等形式与节目进行互动，但这样的方式时效性、交流体验比较差，传播内容也受到传播形式的局限。而在移动短视频平台上，节目是轻松、活泼、开放的。用户与主播之间的互动可以变得零距离、零时差、面对面。用户可以通过弹幕、送礼物或是即时对话框与主播实时互动，发表自己的观点，或是抒发自己的情感，在网络监管的范围内畅所欲言。主播也可以第一时间了解观众的诉求，随机调整直播的内容细节。同时，用户之间也可以通过弹幕进行互动。实时互动是移动短视频一个非常突出的特点，不仅让用户充满参与感，满足他们的社交需求，同时能够使主播对用户的需求及时做出反馈，增强用户体验。

③直播门槛低。传统媒体时代的信息传播者以专门的传媒机构为主，对从业人员的专业性有着较高的要求。随着社会网络信息化进程的加快，信息传播者从专业媒体从业人员扩展到了每个普通人，人人皆是自媒体。相对于传统媒体直播，移动短视频直播的方式更为简单，门槛更低，成本更低。因此，大量的用户加入了网络主播的行列。移动短视频开启了全民直播的局面，移动短视频主播甚至成为"95后"

最青睐的职业。

④信息容量大。有了互联网，就拥有了海量的信息，互联网为用户提供一个畅所欲言的环境。在移动互联网环境下诞生的移动短视频平台上主播可以根据自己的想法、需求和目的去自由地传播和分享内容。而在传统媒体（如电视台、广播电台等）直播中，传播者往往需要考虑媒体利益，受到政治、经济、文化等各方面因素的制约，因此传播内容会受到很大的限制。在移动互联网时代，视频成为承载信息量最大的方式之一，移动短视频的内容开始从单纯的泛娱乐直播到多元化的"直播+"场景创新，新闻、电商、教育、医疗、旅游、体育、演艺活动等领域都有所涉及。不同的领域会有不同的关注人群，移动短视频满足了不同人群的需求。

（2）传播的内容。移动短视频直播的内容相对于传统直播更倾向于碎片化、海量化，让用户更直观地体验，更主动地参与。直播内容生产主要有以下几种方式。

①以KOL（意见领袖）为主的内容生产方式。意见领袖即专业生产内容者。随着直播平台的日益增多，竞争也日趋激烈，形成了很多垂直化、细分化的直播平台，每一个垂直细分的直播平台都是专业的生产内容平台，满足受众多元化、个性化的信息需求。如电商直播，"边看边买"的技术让直播与电商完美融合，主播在视频直播中对商品进行多元化、立体化的展示，解决了消费者线上购物对物品"看不见、摸不着"的困惑，让用户在观看视频时形成购物欲望，用户在不中断视频的过程中就能完成添加至购物车、付款。以意见领袖为主的内容生产方式让直播平台不仅打造主播，而且为直播的内容、环节提供专业的设计、策划与制作，对直播内容层层把关。这样的内容生产模式不仅提高了直播的内容质量，也推动了移动短视频平台由单纯的渠道

第二章 短视频＋营销何以成为可能

提供商转向内容生产方。

②以 UGC（用户原创内容）为主的内容生产方式。移动互联网时代是一个信息高度透明、言论高度自由的时代，移动短视频平台的入驻门槛低、互动性强、体验感丰富和参与度深等特点，决定了用户在移动短视频平台上可以根据自己的喜好、特长来直播内容，而且 UGC 内容生产方式是去中心化的，就是内容信息除了受直播平台的网络监管外，在传播及分享的过程中不受其他任何专业人士以及官方部门的干预，因此内容表达更加自由多元，充满了个性化色彩。这是 UGC 方式的一大特点，也使得移动短视频的社交分享属性更为突出。但由于直播门槛较低，用户在丰富直播内容的同时，也造成了直播内容参差不齐，直播乱象有待解决。

③以 PUGC（专业用户生产内容）为主的内容生产方式。顾名思义，PUGC 方式是 UGC 方式与意见领袖方式的结合。PUGC 的内容生产方式打造出平台或主播的超级 IP[①]，是内容长久生命力的关键所在，强化了移动短视频内容的持续创造力、传播力和影响力。直播主播的媒介素养不断提高，满足受众日益增长的信息求知欲望，生产出质量相对较高的内容，同时也不断地提高传播技术。PUGC 方式传播内容覆盖面广，生动有趣，制作水准专业，从而更为有效地吸引、沉淀用户，提高直播的质量，增强传播效果。

（3）传播营销变现模式。移动短视频改变了媒介生态，用户的社交方式、生活消费习惯。虽然这是一个年轻的行业，但是发展速度非常

---

① IP 是指适合二次或者多次改编开发的影视、文学、游戏、动漫等。其强大之处在于，一旦接触到了与其世界观、价值观相近的受众群体便会迅速凝聚、发展成一种文化，而这种文化，是会不断进步、发展与传承的。

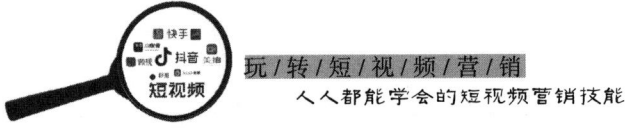

快,竞争也很激烈,各大直播平台不仅拥有庞大的用户基础,其传播营销变现手段也越来越丰富。

①广告+电商模式。广告+电商模式在移动短视频时代发展迅速。很多企业借助在直播平台上拥有超高人气的明星、网红,利用他们与粉丝之间的黏性、互动性,让他们成为广告代理,促使完成商品交易。明星、网红利用人气对受众的消费观念产生影响,也为平台、自身带来了实际效益。他们还利用微博、微信等网络社交媒体拓展出多元化的产业模式,如"直播+电商+网红"模式。类似的网红经济已成为互联网营销中重要的一环。如某淘宝网红在自己的淘宝直播间,用直播方式向粉丝介绍每一件衣服的详情和穿搭方法,短短2小时观看人数就超过41万人,点赞数超过100万次,成交额达到近2000万元。如此可观的收入不仅对网红本人来说是一次销售额的突破,也缔造了电商直播销售的新模式。这种新商业模式,通过移动短视频来实现商家、用户、直播平台与品牌的无缝对接,降低了营销成本,提高了产品知名度。

②打赏分成模式。打赏分成模式是直播平台最常见的变现模式。从早期的秀场直播开始,打赏分成模式就已出现了。映客、花椒、斗鱼等泛娱乐移动直播平台延续了这种商业模式,用户在平台注册账号时可以绑定银行卡、支付宝或微信,用网络支付的方式向直播平台购买价格不等的虚拟礼物,为自己喜欢的内容或主播打赏。比如在映客平台,6元可以买60个钻石,30元可以买300个钻石,98元可以买980个钻石,在打赏的礼物中,不同的虚拟礼物需要不同价值的钻石来兑换,如1个"守护之心"需要1个钻石,1束鲜花需要10个钻石,一辆保时捷需要1200个钻石。主播直播时,用户赠送的礼物会在直播界面上生动地显示出来,主播可以即时向用户表示感谢,与用户零时差互动。

③会员订阅模式。会员订阅模式是指用户定时向直播平台支付一定

的费用，成为不同等级的会员，以此享受免广告、观看付费内容、订阅频道等普通用户没有的特权。会员制是移动直播平台增强用户黏性、沉淀用户且刺激消费的方式。

3. 移动短视频的发展趋势

（1）优质的内容是保障。在移动短视频平台上，内容丰富多样，为了吸引用户，各大直播平台的竞争变得更加激烈了。不少主播为了吸引更多的注意力，赚取更多的金钱，靠雷人雷语、着装暴露来获得用户的关注。这样的注意力无法持久，不能满足用户对优质内容的需求，不利于直播平台的健康发展。用户需要获取的是健康、有营养的优质内容。如果只是单纯的 UGC 内容生产方式，很难做到长久地沉淀用户。KOL+UGC 的内容生产方式更有助于长远发展。直播平台需要对用户进行精细化分类，根据用户需求，制作高质量、原创性的内容，既能保证节目的深刻内涵，又能让用户喜闻乐见。这才是增强用户黏性、赢得用户的关键所在。因此，在今后的移动短视频发展中，想要争取到更多的用户，必须有优质内容。

（2）不断创新是根本。移动短视频的自媒体传播优势凸显。在当今的发展中，越来越多的行业开始应用移动短视频来实现创新。移动短视频的应用场景越来越丰富。大力发展"直播+"，不断创新移动短视频应用场景，如直播+新闻、直播+医疗、直播+电商、直播+演唱会、直播+教育等，以高质量的内容吸引用户关注，以专业服务优势来增强用户的黏性。此外，移动短视频的直播平台也可创造专属于自己的 IP，实现跨界，增强与其他渠道的内容合作，丰富移动短视频的应用场景。自制内容和版权合作将是移动短视频平台转型升级的重要发展，最终要打造自身的 IP。

（3）优化产业链是手段。现有的直播平台基本已经完成了用户积累,但是盈利方式比较单一,大多是靠打赏模式,这并不能支持行业的长期生存与发展。因此,未来的移动短视频行业要注重创新,把创新理念融入平台建设当中。有的直播平台通过产业协作提升内容价值,直接与内容生产商形成版权合作,打造独播优势,进行版权分销;有的直播平台利用线上、线下开展活动来培养主播个人的IP,邀请主播参加商业活动;还有的直播平台提供增值服务,进行企业营销宣传、产品发布、电影预告、活动现场直播等。这些模式都可以成为未来移动短视频平台快速变现的助推器。

三、短视频+营销的秘密

1. 聚焦产品,展示功能

只要产品本身质量过硬,就可以理直气壮地用短视频的形式展示产品的与众不同之处。《创造101》的案例就很好地说明了这个问题。

案例:

《创造101》是2018年比较受关注的综艺节目,在招商期间已经吸引众多品牌冠名、植入,许多广告商想在大热节目中收获流量红利。在这些品牌中,小红书不仅得到了机会,而且利用自身的流量实现了对节目的反哺。小红书与《创造101》合作的目的是想将比赛选手的粉丝吸引到平台上,进而转化为自身的粉丝。粉丝会好奇参加比赛的选手使用的美妆产品,节目之外有着怎样的生活习惯。小红书根据这些持续性地推出新内容。更重要的是,小红书为选手拉票宣传开辟了渠道。这不仅能输出内容,更能吸引粉丝在小红书上互动,聚拢粉丝,滋生新热点,将小红书打造成了《创造101》舞台之外的"第二战场"。

2. 周边带动,不断增值

在进行短视频营销的时候,假如产品自身的功能、用途与同类产品

第二章 短视频+营销何以成为可能

相差无几，则产品方就需要另辟蹊径，从周边产品出发，带动产品本身的销售。产品方可以利用动画、漫画、游戏等作品中的人物或动物造型，获得授权后配合自家产品的营销。例如，产品方要销售某一款化妆品，除了化妆品本身，包装盒、棉签、说明书、优惠卡等都可以作为周边产品去设计，以激发消费者的购买兴趣及欲望。

案例：

美妆产品通常可以借助网红收获大量的粉丝。一位优秀的美妆博主的影响力不亚于重金打造的广告大片的影响力。像口红这类产品，用户往往更加相信美妆博主的推荐。某产品方紧抓粉丝的这个心理，在其秋冬系列口红上市期间，邀请10位优秀主播为新口红拍摄分享种草类短视频，为产品背书。短视频平台上的核心用户正好是追求时尚、潮流的目标用户，该产品方正是利用短视频的推广能力、导流能力迅速收获了平台用户的青睐。

3. 放大优势，完美呈现

夸张是运用丰富的想象力，在客观现实的基础上有目的地放大产品的某个或某几个特征，以增强表达效果的修辞手法。产品方对于产品的某个或某几个独有的特征，可以尝试用夸张的方式呈现，便于受众记忆。例如，超大空间是别克GL 6的特点之一。为了突出这个特点，产品方直接把后座放下来，让两个年轻人躺在上面，给不少观众留下了深刻的印象。这种做法运用的正是夸张的修辞手法。

案例：

社交平台的崛起给餐饮行业带来的最大变化是口碑营销，顾客点餐时不再只是看菜单，而是拿出手机，打开各大平台看其他用户的评价。2018年，抖音式吃法开始在年轻用户中风靡起来。文字描述显然没有视频教学更有冲击力，海底捞正是在"舌尖上的抖音"中受益最大者之

一。当其自制番茄牛肉饭在抖音上形成"病毒式"传播后,海底捞联合抖音开展挑战赛,推出一系列新的吃法,邀请用户到店进行花式直播,各种吃播合集火热传播,一时间火爆各大社交平台。

4. 追求创意,力求出圈

营销创意可以将产品本身的特点体现出来。挖掘一些特别的功能或延伸一些增值附加功能,创造性地展示出产品的用途或功能,就能吸引用户的注意力。例如,一家没有独特菜品的普通饭店,通过在店内设置一个"挑战10秒"的机器,当用户成功按到数字10时,就可享受折扣。于是用户自发挑战并拍成短视频上传至平台,激发了其他人挑战的积极性,进而可使更大批的短视频用户前往店内进行挑战。这正体现了创意营销的力量。

案例:

街舞类综艺节目在2018年备受关注,成为综艺节目中的"香饽饽"。西瓜视频在街舞大热期间推出了以表现街舞精神为主要内容的纪录片《街头巨星》,它上线后在年轻用户中被广泛转发。西瓜视频将街舞打造成短视频IP,目标用户直指年轻群体,这对同样瞄准年轻用户的荣耀手机来说,是很好的契机。目标人群的高度重合促使荣耀手机冠名《街头巨星》。《街头巨星》不仅传播了街舞文化,还传播了荣耀手机的品牌信息、产品特点,二者充分利用粉丝经济效应实现了双赢。

5. 强调口碑,营造氛围

在短视频平台塑造口碑,能够从侧面展现产品的受欢迎程度。大量用户在短视频平台上转发网红产品,产品方可以借助多样化的内容形式,加深用户对产品的印象,形成对产品的营销口碑。

案例:

2018年"双11"期间,京东分别针对摩登时尚、品质生活、吃喝玩乐3个频道进行创意视频内容输出，在秒拍、美拍、微博、微信等多个平台进行发布，累计获得1190万次的曝光量。在没有硝烟的"双11"赛场上，想要让用户迅速挑选想要的产品，就要为用户划分好内容板块，并进行有效推荐。京东将"双11"推广计划放在了"达人带你抢购"上，通过短视频直观种草产品，向受众灌输必需品都可以通过京东购买的理念，不仅可以营销产品，而且可以完成从流量到销量的转化。

6. 不断曝光，传播文化

消费者在购买产品的时候，除了产品质量、服务水平，也会关注品牌的内部文化和氛围。如果有两家产品差不多的品牌公司，第一家品牌公司给人的感觉是员工热情团结、工作有激情，而第二家品牌公司给人冷冰冰的感觉。作为消费者，肯定更愿意选择第一家公司，哪怕其产品价格稍微贵一点。

案例：

从内容角度看，短视频就像是电影的片段；从营销角度看，短视频则是电影的宣传手段。以往的电影宣传通常是投放媒体平台。短视频出现后，给电影的宣传带来了新的方式。短视频可以通过较低的制作、投放成本，获得较高的传播效率，并且可以贯穿电影的整个宣传周期。《前任3：再见前任》仅通过短视频的转发就传播了经典桥段，引发了受众对电影的兴趣，吸引更多受众走进影院观看电影，剧场外的二次传播赋予电影新的生命。

7. 融入场景，巧妙植入

产品方也可以把产品融入某个生活场景当中，让别人潜移默化地接受产品的影响，从而记住产品。这种方法看起来只是传播了生活中的小窍门或某个搞笑的片段，实际上在场景中悄悄植入了产品广告，如在桌角展示产品、在人物背后放品牌标识、背景声音为产品介绍等，依然能起到很好的产品营销效果。

案例：

短视频平台上的创意内容层出不穷，除了有剧情的短片，更有像《百万英雄》这样的互动直播答题游戏。互动答题是2018年直播平台上的常见做法。产品方参与其中，得到的不仅是单向的信息传播，还有与用户的双向互动，带动用户积极参与进来。必胜客巧妙地将品牌名植入题目中，向用户传递有趣的知识，加强了与用户的互动，让用户迅速了解了品牌的特性。

四、短视频营销常用策略

不论是从用户数量来看，还是从用户使用时长来看，短视频在很多人的日常生活中已经演化成一个不可或缺的角色。备受人们喜爱的短视频对于产品方而言，意味着庞大的受众群体和不可估量的商业潜力。而且，短视频内容的丰富性、形式的多变性、与用户之间强烈的互动性、去中心化的传播特点等，不仅为产品方提供了沉浸式、体验式和立体化的营销方向，也让产品方能够更有效地与相对应的目标受众进行连接。

短视频的出现，促使许多产品方将精力投向这片极具价值、极具优势的流量池，并将其纳入营销阵地，希望借助短视频让品牌的长期价值和广告效果的转化更好地实现协同。产品方要想借势短视频营销突围，可以采取以下策略。

1. 了解短视频平台，选择合适的营销渠道

企业在运营官方短视频账号时，需要注意以下几点。

（1）准确找到切入点。短视频的内容要立足于产品特点、基于目标用户特点，将两者匹配融合起来。短视频的整体内容风格既要符合短视频平台的特性，也要符合受众的趣味。

（2）内容方向多元，但要有主线。短视频的内容可以涉及多个方向，如展现公司文化、员工生活，挖掘与产品相关的内容，抓住热点，进行热点营销等。不过在这些方向中，应该紧紧围绕产品营销这条主线，渗透企业文化、传播品牌优势。

（3）展现形式多样。产品方可以结合当下流行的短视频传播手段（如反转剧情等），潜移默化产品特色，拉近与用户间的距离。

2. 线上线下联动，引发全民式互动

产品方可以借助短视频的影响力，通过全民式互动完成产品的营销。不少品牌选择放下"身段"，通过在短视频平台上发起以"流量大咖示范+圈层达人渗透+素人领袖自发扩散"为模式的主题活动，用一种接地气的方式"和年轻的消费者玩在一起"，让他们能够通过真正参与品牌营销活动，与品牌之间建立起情感连接。例如，2018年新版《海尔兄弟宇宙大冒险》中的雷欧舞动感十足，被很多用户喜爱，海尔趁势与快手达成合作，推出了海尔兄弟雷欧舞挑战赛。活动期间，大量的用户自发上传近百万个与海尔兄弟的相关视频，视频总播放量高达1.3亿次，为海尔带来了居高不下的热度。

3. 借助意见领袖的影响力

随着短视频平台的发展，在短视频平台上某一垂直领域产生了具有一定话语权和影响力的意见领袖。意见领袖粉丝众多，会成为一些产品方进行广告宣传的常规选择，即改变传统媒体较为直白式的宣传手段，借用意见领袖在某一群体中的影响力，以原生内容的营销方法来完成产品的有效转化。相对来说，这种方式是目前众多产品方的营销手段之一。在选择意见领袖进行广告投放时，有两个问题必须重视：一是只有找到合适的意见领袖才能为产品方带来理想的传播效果和较高的产品销量，因此在选择意见领袖前，应该做好充分的调研和评估，综合考量意

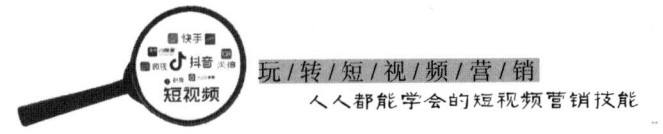

见领袖的商业价值，选择气质、用户重合度等方面均与自己的产品匹配的意见领袖进行广告投放；二是在内容上给予创作者充分的创作空间，摆正姿态，与创作者一起将产品与意见领袖的特点、视频持续的风格融合起来，打消用户对广告的反感，在潜移默化中收获用户对产品的认知度和好感度。

4. 培养自有主播，打造主播矩阵

对于产品方来说，从长期来看，除了借助意见领袖的力量，也可以培养更熟悉产品的自有主播，通过他们与粉丝之间建立起的信任感，提高产品的投资回报率。培养与产品特性契合度高的主播已经成为产品方在短视频领域获取更多话语权的有效手段之一。企业可以通过组合拳出击、多平台联动、线上线下有效融合的方式来实现营销效果的最大化。要想充分利用好短视频，产品方要明白一个前提，即短视频正在建构一种新的媒介生态，这种新的媒介生态将过去的单向传播转变为更为深入的互动传播。

因此，产品方的短视频营销绝不是传统媒介时代下产品的简单自我宣扬，而是要进入短视频独有的话语体系中，用娱乐互动、融合新场景、情感化叙事等符合短视频特性的对话方式，在向用户宣传产品的同时，推送有价值的、能够打动人心的内容，从而引发社交的扩散，帮助产品方更好地传播产品及企业文化。

第三章　1＋1＞2：短视频的营销功能

一、营销特质：短视频给营销带来了便利

随着短视频的普及，越来越多的用户加入短视频营销的队伍。短视频具有独特的优势，现在短视频更容易为人们所接受。短视频作为消遣娱乐的一种方式，越来越吸引用户，同时也是记录生活的一种方式。下面我们将从流量、专业、产品、品牌、互动、渠道等维度来阐述短视频的营销特质。

1. 流量

短视频能够最大限度地扩大产品营销的覆盖面。对于任何一种产品来说，用户量的多少都是衡量一个短视频平台是否有价值的重要标准。这是因为，平台用户量的多少会直接影响平台所具有的潜在流量价值。以抖音为例，其最大的营销价值体现在平台庞大的用户量上面，用户量越大，一条短视频可能被越多的人看到，产品营销的覆盖面就越广，短视频营销的流量转化率越高，用户的转化路径就越短。这正是进行产品营销时需要考虑的重要因素。此外，优质的内容是短视频营销流量价值的体现。短视频平台极大地缩短了流量转化的路径，对用户具有更强的吸引力，也能更好地提高流量转化的效率。

2. 专业

短视频营销与普通网页营销不同，做好短视频需要一定的专业水

准。相对来说，制作短视频也是一个专业性比较高的工作，如同制作电影一样，需要好的编导、策划、脚本、演员等，还需要好的摄像师、音响师、灯光师等。因此，从营销的角度看，专业化的短视频仅依靠一个人的力量是难以完成的，常常需要依靠团队的力量，才能将事情做好。不过，也有一些自拍短视频营销高手，其短视频营销策划能力也比较强。优质的营销短视频专业性比较高，这种专业性会防止出现模仿行为，保证营销、策划的独一无二性。

3. 产品

短视频的营销价值在于增加了用户间的互动。曾经有这样一句话："你知道有一半广告费被浪费了，但不知道是哪一半。"如今，这句话将被颠覆。短视频平台可以在技术的支持下，了解用户的浏览习惯、使用行为、互动行为、喜好等，从而制作出有针对性的短视频营销作品。现在，短视频营销的操作方法很多，营销的创意也很多，并且具有深度沉浸感的竖屏视频模式，更易于向用户传播产品的信息。

从内容营销上来看，关键在于优质内容的产出；从用户消费的角度来看，关键在于让优质的内容抓住用户、留存用户；从流量分发的角度来看，关键在于找到合适的分发渠道；从效果评估的角度来看，关键在于了解用户在平台上的使用行为，将用户的主动获取行为与品牌的效果评估相结合。应该说，具有学习价值、实用价值的短视频内容比搞笑、娱乐的内容拥有更大的市场空间、更稳定的市场占有率。有价值的内容意味着专业、精准，不仅打造大量有价值的优质内容能增加短视频产品的关注量，提升用户黏性，而且，在高质量内容体系中培养的用户会更加忠诚、长久。

4. 品牌

视频是动态的，文字是静态的，与文字相比，视频具有更强的视觉冲击力，更易植入人的脑海。因为看视频时，受众所花费的精力会比看文字时少一些，相对而言就会轻松一些。这也是短视频的一个很大的优点。因此，视频营销能够更加灵活地去传达品牌的形象以及产品的使用效果，能够给受众留下深刻的印象。

5. 互动

短视频的一个最明显的优点就是互动性十分强。短视频带有评论和点赞功能，能够实现产品方与用户的互动，解决用户关心的或者困惑的问题，激发用户的积极性。短视频平台的直播功能更是将主播与用户的互动功能发挥到了极致。在直播间内，主播随时可以与用户互动，既能让用户充分了解产品的优势，又能与用户交流，让用户积极参与到产品方的活动中来。产品方应该积极利用好短视频营销的这一特点和优势，加强与用户的互动，将短视频的互动功能发挥好，实现短视频营销的效益最大化。

6. 渠道

渠道是营销的关键因素之一。随着智能手机功能的不断完善，短视频平台的种类越来越多。不同短视频平台有其自身的特点。产品方应该根据自身产品的特点，结合产品目标用户的特点和短视频平台的特点，选择合适的短视频平台进行营销，而不能眉毛胡子一把抓，也不能指望同一种模式就适用于所有的用户和短视频平台，那样必然无法发挥短视频平台的优势。

二、对传统营销模式的颠覆

如今，短视频被广泛应用于各种类型的产品的营销中，成为产品营销的主流模式。短视频的发展使传统的自媒体营销模式被不断弱化，其自身所具有的传播速度快、传播范围广、传播技术新等优势，为其赢得

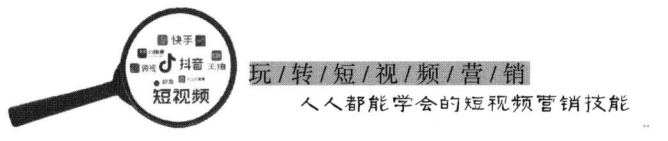

日益广泛的关注。在应用短视频进行营销时，应充分发挥短视频的优势，并选择合适的内容和展现方式，从而达到良好的营销效果。自媒体营销与互联网技术的发展分不开，当博客、微博等图文自媒体兴起的时候，自媒体营销进入初步发展阶段，当短视频发展起来后，自媒体营销迅速进入短视频领域，并且短视频的发展态势正在弱化传统自媒体的营销模式，它以更加快速、广泛、便捷的方式进入全面营销领域。观察和研究短视频营销模式是当前所有产品方需要重视的工作。可以预见的是，短视频营销还在快速发展中，对于企业发展的影响越来越大，不可忽视。互联网时代，就是不断更新的时代，跟不上时代发展步伐的企业，注定会被时代淘汰。

1. 短视频营销的优势

在短视频营销中，可操作空间大，对产品形象的展示比较多样，已成为当前产品营销的重要方式之一。当前国内的短视频行业正处于快速发展阶段，在内容、定位以及目标上存在着差异化竞争的优势，相较于传统自媒体营销，短视频自媒体营销具有以下优势。

（1）表达能力相对较强。在传统自媒体营销中，通过图文载体进行营销，短视频能够快速吸引用户注意，可以通过全面、立体化的方式使用户的感知更加丰富。正是由于短视频自媒体较强的表达能力，吸引了用户的注意，达到良好的营销效果。

（2）是社交的新手段。短视频的年轻化已经成为主流趋势，传统的媒介渠道已经很难吸引这些用户的注意了，而快速兴起的短视频平台已成为多数用户获取信息的主要途径。

（3）碎片化的信息展现方式。在人们的生活节奏加快的背景下，用户在碎片化时间通过手机等移动终端来获取信息。短视频恰好符合当前时代人们碎片化阅读的需求。与长视频相比较，短视频能够适应用户不同的使用场景，是用户的重要交流媒介。短视频自媒体营销可以达到良好的效果。

（4）信息技术的发展为短视频提供了有力的载体支持。智能手机以及移动互联网的普及，使得资讯视频化与视频社交化成为发展的重要趋势，这加快了短视频的井喷式爆发。从传播角度来进行分析，短视频传播消耗的流量远远高于图文传播，5G技术为短视频传播提供了重要的技术支持。在传统视频制作中需要相应的拍摄设备和复杂的剪辑软件，但是在当前短视频的发展中，借助智能手机以及视频编辑软件，就可以完成短视频的制作和上传，这助力短视频快速发展。

2. 短视频营销方式

（1）自媒体营销。当前数据显示，越来越多的用户通过注册自媒体账号来进行产品营销。以农村地区的农产品销售为例，农户注册短视频账号后对当地产品进行宣传，并且与短视频平台签约，通过短视频与直播来获得收益，整体营销效果较好。

（2）相关的卖货链接。调查显示，在各个短视频平台中有关货品的卖货链接成为重要的营销渠道。例如，一款商品在短视频平台进行广告投放，可以直接跳转到相应的购物平台。主要品类是服装，并涉及美妆、玩具以及其他物品。短视频平台已经成为带货的重要阵地，越来越多的线下商店借助线上的短视频宣传实现了引流。短视频平台抖音已经开通了自己的抖音小店业务，与淘宝形成竞争关系，短视频博主在流量和带货之间可以自由切换，实现短视频营销无缝插入。

3. 短视频营销的趋势

众多营销者将短视频作为未来网络营销的重要形式，为产品打造定制化的视频也成为新时期短视频发展的重要趋势。

（1）垂直领域内容的细化。短视频十分重视垂直领域的划分，包括

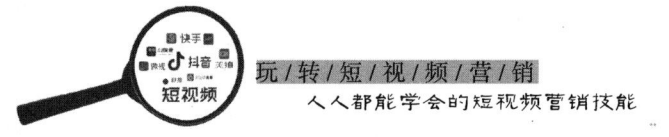

汽车、电影、穿搭、美妆等，这些领域的自媒体的素材较为丰富，IP属性得到了强化，具有较强的意见领袖效应。因此，其自身变现能力相对较强。在内容垂直细化的背景下，从短视频平台商业变现越来越容易。尤其是绝对粉丝数量相同的背景下，泛娱乐类的达人的变现能力远远不如垂直领域达人的变现能力。垂直领域达人可以实现目标用户的筛选。与传统广告相比，垂直领域内容细化的背景下，可以更加准确地获取目标用户，并且实现产品营销，达到良好的营销效果。

（2）重视互动。短视频自媒体营销者十分重视与用户互动，用户可以通过转发、点赞、留言等方式提出意见。短视频自媒体营销者也可以了解用户需求，让用户不断地参与到内容生产中，提升对产品的认同度，达到良好的营销效果。短视频平台借助不同的视频形式，积极开发个性化的附加产品，巧妙地插入广告，并且不断减少用户的抵触，让用户在观看视频的同时观看广告，实现营销目标。

（3）商业变现模式规范化。在短视频营销变现处于起步阶段时，其主要变现方式是广告和平台的补助，随着整个行业的规范化，会出现营销变现形式的创新。众多平台已经开始涉及MCN（多频道网络）业务，因此自媒体可以结合自身状况以及发展的阶段选择是否与MCN融合。短视频平台自身所具有的优势使其成为营销的重要渠道。快手、西瓜以及微信短视频平台，已获得了众多企业的关注，并且成为重要的营销渠道。但是从整体上来看，短视频营销并不会完全取代自媒体营销。作为企业，在新时期的发展中借助短视频营销时，需要注重品牌的用户，注重内容选择以及产品诉求。在展示产品形象和品牌内涵的基础上，实现良好的视频营销互动。

（4）自媒体内容多渠道投放。当前我国短视频行业处于快速发展阶段，在平台的内容以及目标客户上存在着较强的差异化，因此未来的流量将会不断涌向垂直细分领域。自媒体视频内容可实现多渠道和精准化的投放，在确定自身垂直细分领域的基础上，可以选择不同平台来进行细化。当前，以抖音、快手为代表的短视频平台获得了较多的关注，后起之秀微信视频号同样获得了较多关注。微信作为社交平台，其自身拥有的用户量非常大，因此具有较明显的优势和较强的竞争力。

三、让营销更加丰富和直接

短视频营销是将电视广告与互联网营销两者综合起来的一种营销手段。越来越多的人选择短视频营销进行业务拓展。视频营销比软文营销更直观形象。随着智能硬件及网络的快速发展、普及，当流量、带宽、资费、终端等不再成为问题时，尤其是在视频移动化、资讯视频化和视频社交化的趋势带动下，短视频营销正在成为新的品牌营销风口。资本不断涌入，许多企业纷纷抢滩试水，各大品牌主接连布局短视频营销战线。不论短视频是否真的是下一个内容创业的大趋势，当下风口期的短视频确实越来越热。

短视频以其"时间短""信息量大""图文声茂"更符合现代人的消费习惯"等特点，正成为社交、媒介、广告营销的新载体。对于短视频营销来说，这是一个充满机遇的时代，也是一个充满挑战的时代，原因在于：社交网络的快速传播、人们的广泛参与为品牌传播铺开了渠道；同时由于短视频制作门槛不高、生产流程简单，短视频阵地已是处处虎踞龙盘，越来越多的人开始从事短视频直播业务，加剧了短视频营销的竞争。若想从众多的营销产品中脱颖而出，将产品与用户连接起来，就只能提升短视频的内容质量，讲好故事。这里以乐堡啤酒与暴走张全蛋的创意短视频营销为例，来探索其中的短视频营销的奥秘。

（1）选择主角。乐堡啤酒与暴走张全蛋合作制作创意短视频不

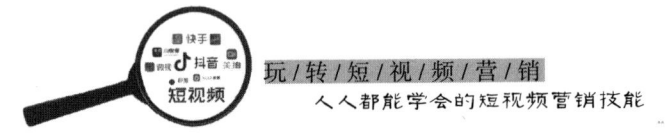

是两家公司的第一次合作。乐堡啤酒＋暴走张全蛋曾以"暴走漫画"的形式推出过一条广受好评的暴漫。乐堡啤酒与暴走张全蛋的第二次合作，不仅是冠名等常规资源合作，而且是进行了合作升级。暴走张全蛋的创意＋制作＋艺人全线参与的全蛋创意视频正是内容升级的关键点。

（2）观众。会讲故事的很多，但如果好故事没人看，也难逃昙花一现的命运。因此，短视频营销的分发平台、渠道以及宣发力度就成为重中之重。千网传媒在乐堡啤酒与暴走张全蛋的品牌故事的观众的确定上下足了功夫，如借助多点覆盖平台分发、SNS（社会性网络服务）全布局、微信、微博、各大视频网站等。

（3）内容。乐堡啤酒与暴走张全蛋的创意视频合作，天衣无缝地利用了张全蛋"质检员"的身份，光明正大地为乐堡啤酒"开盖验货"，短视频营销的高契合度，幽默欢快的氛围，最终使得乐堡啤酒的"彩盖故事"清晰地走进观众的脑海。

（4）互动。除了有号召力的主演、明确的观众以及创意十足的内容，还有一个很容易被品牌忽视的营销策略，那就是社群的互动。千网传媒在多位媒体人出身的干将的把关下，就"如何把品牌与用户挑逗起来"提出了更多创意性见解。

第四章　短视频平台

一、短视频平台的分类

短视频平台依据用途的不同，可以分为资讯类短视频平台、工具类短视频平台、社区类短视频平台等。

资讯类短视频平台通常依托社交或资讯平台并为其提供短视频播放功能，如与微博绑定的秒拍、字节跳动旗下的西瓜视频等。依托大流量平台，用户会被动地高频使用这类内嵌的短视频支持功能。

工具类短视频平台目前在国内的发展空间极其有限，探索海外市场是较好的战略路线。以小影（现已下架）为例，它提供手机录制、逐帧剪辑、电影滤镜、字幕配音等功能，让非专业用户也能在手机上剪辑出专业的短视频作品。借助 Facebook（脸书）等社交媒体支持视频内容便捷分享的途径，小影迅速地获取了大量海外用户。目前，小影并行三种变现方式，包括增值功能和服务变现、广告变现、内容变现等。

社区类短视频平台以快手、抖音等为代表，此类短视频平台社交氛围浓厚，用户黏性较高。其中，快手作为典型代表之一，截至 2020 年上半年，日活用户数超过 3 亿。除了定向推送视频信息流广告，与游戏公司联合运营以及视频直播也是快手目前主要的变现方式。

二、抖音

抖音作为当下最火爆的短视频应用之一，凭借巨大的流量，越来越受到广告商的重视。一些时尚奢侈品牌（如迪奥、香奈儿等）也开始了抖音营销。很多人认为抖音营销不好做，没有现成的模式可以借鉴。然而事实并非如此，抖音的成功营销案例有非常多值得借鉴的地方，并且可以总结出有效、可复制的抖音营销方式。不少企业做抖音营销，还是用传统打广告的方式：要么拍一个TVC（电视广告片）；要么简单粗暴地找网红，做一些随大溜的东西。这些方法成本高，效果不一定好，并不能成为企业（尤其是一些小微企业）借鉴的对象。抖音最大的特点就是平民化，谁都可以拍视频，人人都是"发声筒"。

抖音的内容相对年轻、相对新潮，能够吸引大量的年轻人观看。抖音受欢迎的内容包括剧情类、舞蹈类、音乐类等，主角高颜值、剧情轻松的城市生活内容在抖音上更容易"出圈"。音乐标签对抖音的影响颇为深远，无数耳熟能详的歌曲是在抖音上火起来的，"音乐+短视频"始终是抖音的招牌内容。抖音内容的一大特点在于取材于生活，无论是跳舞、唱歌，还是吃饭、旅行，都是我们普通人经常做的事情，他人可以轻易模仿，这些正是抖音吸引用户的地方。

1. 抖音营销策略

（1）明星策略。一款新产品迅速蹿红绝对离不开大量的营销推广，能很快引领潮流的是明星效应。抖音App在2017年3月因为某相声演员转发了一条微博，下面带着抖音App的LOGO，热度开始上升。随后又有众多明星的推荐，形成了粉丝经济，热度迅速蹿升，用户增长量不断攀升。产品方与抖音上的明星合作，是最直接的获取关注与传播产品的方式之一。产品方为明星代言人制作符合抖音用户使用习惯的内容，鼓励用户进行互动,实现短时间集中爆发。在进行抖音营销活动时,美特斯·邦威邀请某演员出境,该演员身着亮色系新品,花样展示产品卖点,迅速打响品牌。同时,美特斯·邦威用抖音用户最喜欢的方式与他们互动,快速地吸引了海量的注意力。

(2)内容运营策略。在平台内容的运营方面,抖音结合了今日头条的算法,让没有任何粉丝基础的新用户也能获得推荐,因此,抖音也成为增粉最快的短视频平台之一,这一优势让其吸引了很多其他平台上的网红资源,其他平台上的网红转战抖音,给抖音带来了大量的用户。此外,抖音运营团队还善于结合当下最火的电视剧、综艺、轻生活方式等做内容营销。例如,与摩拜、汉堡王联手,大开脑洞,玩转轻生活。

(3)公关传播策略。为了让更多的年轻人知道抖音,公关传播十分必要。2017年5月,抖音在一些平台上集中投放公关文,以进行宣传推广,这些平台大多是垂直科技媒体或者大门户网站,既有抖音App的目标用户,又有大量的用户基础和文章推荐排名优势,对加快抖音的传播可起到推动作用。

(4)合作营销策略。抖音通过寻找与自身的特性高度契合的品牌,为品牌年轻化营销开拓新的可能。例如,抖音携手Airbnb(爱彼迎)、雪佛兰、哈尔滨啤酒等,开创了原生短视频广告新玩法,共启了"抖音品牌视频广告首秀"计划,在年轻用户中产生了广泛的影响。

2. 抖音如何引流

(1)抖音原创视频引流法。现在不论是文章,还是视频,短视频平台都在大力地扶持原创的优质内容,因此有原创能力的用户要尽量选择原创。在发布视频前,用户应先把账号维护好,多给别人点赞、转发评论,等到粉丝积累到一定的程度后再把原创视频发布出去。用户应该认真填写账号资料,开始的时候不要着急留微信号,等到有一定粉丝后就

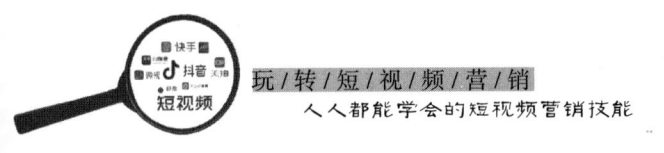

可以留下微信号了。另外，名字、简介这些地方是比较好的留微信号的地方。只要视频内容好，成为爆款的可能性还是挺大的，一旦视频热度起来后，引流就将是较轻松的。

（2）利用评论区引流。用户可以在自己的视频下方的评论区里进行引流。怎么做呢？要先编辑好引流用的话语，其中要留有微信号，然后将留言发布在自己的视频下方。用户还应该多为一些热门的短视频进行评论，一般评论得好也会吸引到一批用户。用户还可以去同行的短视频下面进行评论，直接编辑引流的话语就可以。抖音的引流效果非常好，可能一个视频热门后就会收获上千上万名粉丝。

三、快手

快手的初心是"每一个平凡人的生活都值得被记录、被分享、被看见、被尊重"，平台内容比较接地气。据统计，在快手排名前100的创作者中，普通人的占比约为44%、网红占到38%，其余的则由各行业专家组成。头部的草根明星、中部的垂直领域的创作者、尾部的视频社交人员，这些跨度极大的创造者们使得平台的内容十分丰富、多元。愿意接纳各种各样的内容也说明快手的包容性比较强。在快手上较受欢迎的短视频内容主要包括"美妆时尚""搞笑""音乐""剧情""游戏"等。与其他短视频平台不同的是，关注快手的美妆时尚短视频内容的男性高达41.6%，男性美妆博主的粉丝中男女比例也大致相同。快手的搞笑、剧情和音乐短视频内容更为接地气，更容易使用户产生共鸣。

1. 如何通过快手来做营销？

（1）网红参与：可以选择和产品吻合度较高的网红，利用他们的影响力来吸引粉丝，激发用户的深度参与。

（2）硬广告投放：硬广告投放就是通过付费的形式来曝光产品。这是一种比较常见的营销方式，除了快手，其他短视频平台也同样适用。

（3）内容植入：内容植入也是一种很常见的短视频营销方式，而且出现得非常早。具体的表现形式有节目冠名、口播植入和品牌露出等。

（4）内容定制：内容定制这种营销方式主要是通过拍摄相关的产品内容实现传播，与长视频相比，短视频定制的营销内容会更加注重故事性及情节性。

（5）账号运营：这种营销方式是指通过建立官方账号来进行持续化的社会传播，保持产品方和用户的长期有效的沟通。

2. 通过快手做营销需要注意哪些技巧？

（1）快手这类短视频之所以影响越来越大，是与其本身的轻快、娱乐性紧密相关的。因此想要做好快手营销，最重要的是保护好短视频原有的乐趣，而且不能让用户产生反感或是抵触心理。

（2）快手属于短视频平台，因此利用快手进行营销活动的时候一定要记住"短"这个字的特征，最重要的就是要在极短的时间内激发用户的购买兴趣。

（3）充分利用短视频营销的优势，生动、直观地呈现产品的使用场景。比如一顶帽子，摆在商店里顾客并不会觉得好看，但是如果一个人戴着这顶帽子在外面逛街或者开车，场景的直观呈现就会极大地增强用户的代入感，以在最大限度上激发客户的购买欲。

3. 如何通过快手做好内容营销？

内容营销的优势体现在内容价值、传播价值和品牌价值等方面，可以为产品提供展示、传播和与用户互动的机会。内容营销的基础在于对用户的洞察，快手定位于国民品牌，基于大数据及人工智能等技术手段，更懂中国市场、对用户的洞察更加深刻。快手这个以流量为主的平台，在纷繁复杂的营销环境下，凭借独特的内容营销手段势必成为短视

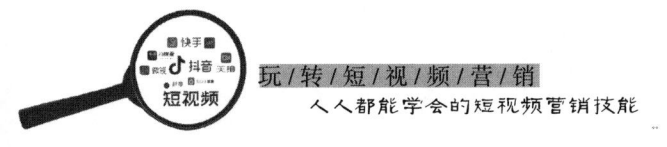

频营销的主力军。

（1）圈定核心目标群体。在快手平台上，大多数用户上传的内容是基于社交需求的，是不带功利性的自主、自发的分享和记录，基于真实情感、真实故事、真实体验，形成每个用户独有且真实的人设，使每个人都有机会成为红人、意见领袖。例如，百雀羚联合快手，打造话题活动"百雀羚喊你来造梦"，让800万人的梦想被看见。快手与百雀羚的合作，完美展现了"红人即内容"的最佳营销案例，红人创作的内容一呼百应，粉丝从围观、参与，到自发成为品牌传播的一环，形成强大的社群效应，品牌获得了超高的互动和转化率，再次印证了快手在内容营销方面不一样的套路。

（2）用"人气儿"和"专业性"树立品牌人设。内容营销的核心是品牌立起"人气儿"和"专业性"的人设。与其居高临下地灌输和一味地自娱自乐，不如像身边的"老铁"一样善解人意地提出合理、专业的意见，与用户形成密不可分的社交链。比如，"烟台鸿发凯迪拉克"这个品牌账号，定位全网最牛的汽车情景剧，以段子的形式俘获客户们的心，树立既能"接地气"，又能"get汽车知识"的人设，在汽车行业里吸引了大量的潜在用户。

（3）"技术"释放"素人明星"的影响力。快手基于大数据、AI（人工智能）等技术手段，进行内容平台的精准定向，实现内容和用户的个性化匹配，带来更大的传播量、曝光量和更高的参与度。快手一直倡导"普惠"价值观，理解用户的兴趣所在，能够帮助品牌有效识别商业价值，从而使营销内容实现快速扩散，这样的内容营销案例数不胜数。在受众对营销套路日趋熟悉，流量红利日渐式微的今天，传统的品牌自嗨式灌输显然已经没有了市场，内容营销作为短视频领域最好的商业形态之一，视听一体化的感知让用户更真切地感受到内容传递的情感共鸣。

以快手为代表的内容营销平台分割了后流量红利时代的更多的注意力，在释放出更大的商业价值的同时，也是品牌与用户亲密沟通的极佳渠道之一。

案例1：

"海鲜哥"自家就是卖海鲜的。翻开他的视频列表，可以发现他的视频几乎都与海鲜有关。他用短视频记录了自己日常工作的环节：比如进货时，在什么样的环境下、由哪些人在哪里接货；做菜时，他也会通过视频向大家展示如何烹制海鲜；他又会直播吃海鲜。这样将商品的各个细节展现出来，自然会让用户意识到，他家的商品是健康的、干净的、美味的，自然也就会激发用户的购买欲望。

案例2：

"绝世的容颜"凭着长相与张国荣有几分相似，搭建了几个与张国荣电影中的经典场景一样的场景，他穿着同款衣服，摆着一样的造型，然后"顺水推舟"售卖同款服饰。对张国荣很熟悉的影迷一旦看到这些场景，自然会涌起对偶像的怀念。即使是出于情怀，也很有可能下单购买。

四、西瓜视频

西瓜视频的前身是头条视频。2016年5月，头条视频以独立App的形式上线，并且于2016年9月宣布出资10亿元来扶持短视频创作者。2017年6月，头条视频正式更名为西瓜视频。从2017年7月起，西瓜视频的活跃人数迎来了快速增长，到2018年2月，西瓜视频累计用户数超过3亿，展现出了惊人的潜力。目前，西瓜视频的内容以意见领袖短视频为主，定位是个性化推荐的聚合类短视频平台。其分发模式是：通过算法分析用户的浏览量、观看记录、停留时间等，然后进行精准的

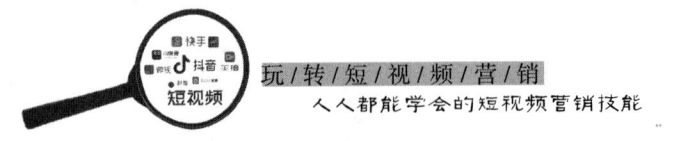

视频推荐。西瓜视频非常注重内容平台建设。值得关注的是，西瓜视频最大的价值不仅在于资源，还在于它是新的流量入口。

西瓜视频的品牌营销与传统长视频网站的有些类似，更多的是通过贴片、赞助、植入广告等方式实现。西瓜视频在自制综艺、自制剧集上有较多的投入。相关数据显示，影视、综艺是西瓜视频平台非常受欢迎的内容品类，平台面向的人群也总体偏向于下沉市场。西瓜视频有一年一度的金秒奖活动，中国平安与金秒奖的合作更多是品牌层面的曝光。创作者帮助品牌定制纪录片，并通过赛事作品的征集来实现价值的输出，后续通过颁奖活动、品牌联动传播。在传播期间，中国平安的品牌资讯热度达到半年峰值。西瓜视频营销的特点主要体现在以下四个方面。

1. 冲破内容边界

截至 2019 年 5 月，西瓜视频拥有超过 3.5 亿用户，用户日均在线时长 80 分钟。一方面，西瓜视频基于垂类深耕大量高价值内容，深度触达到不同圈层，进一步提升了平台用户的活跃度；另一方面，平台聚合了 30 万名优质的意见领袖 +OGC（职业生产内容）创作者，吸引了大量用户，日均播放量达 40 亿次，成为未来可期的黄金流量。西瓜视频的平台定位为国内领先的 PUGC 视频平台。西瓜视频上拥有专业的制作团队、头部创作者、MCN、个人创作者、用户，他们积极生产内容，构建起视频生态的高山大海。依托数据洞察，西瓜视频正在不断探索内容的边界，构建符合当下用户消费习惯的内容生态。

西瓜视频通过品类细分与定向标签明确用户浏览偏好，以决定在平台上呈现什么内容。在版权采买方面，西瓜视频覆盖电影、电视剧、综艺和少儿等不同垂直精品内容；在原生自制内容方面，通过品类播放与关注量、明星播放与互动量的分析，不断进行内容优化，再结合联合出品等方面的不断发力，西瓜视频构建出完备的内容生产逻辑链，打造出《考不好 没关系？》《大叔小馆》等多档优质内容，满足平台用户需求。从内容创作、设计布局到内容分发，西瓜视频构建出了更为精细化的精品短内容生态。在未来，西瓜视频将通过对内容边界的不断突破，实现内容生态的强劲成长，通过补贴计划等助力好内容让世界各地的用户看到，通过各类活动带来更多活力，为品牌打开更有想象力的商业空间。

2. 营销新生态，让流量更有价值

移动互联网已经从流量时代发展到留量时代，用户的内容需求也越来越垂直细分。视频平台必须通过多元化的内容布局来满足用户需求。那么，如何以内容为起点，最终撬动强大的营销价值？西瓜视频的营销力主要在于它的流量驱动力、圈层渗透力、内容共生力。如何发挥流量驱动力？①利用西瓜视频的平台特性，建立兴趣智能分发＋内容智能聚合，提升平台广告效率，将平台流量转化为品牌流量。②发挥西瓜视频的"影视综"内容优势，将不同的广告产品流量穿透其中，如创意植入、线上线下互动等，帮助品牌收获粉丝，将内容流量转化为品牌流量。

如何发挥圈层渗透力？西瓜视频通过垂类内容的深耕、玩法的升级、多层联动，实现垂直圈层的深耕，促进圈层辐射影响力，提升品牌好感度及黏性。西瓜视频聚集了众多达人，产出多元内容的同时，形成垂类聚落，凭借西瓜 PLAY、Vlog 学院等意见领袖多元化内容衍生，配合多种平台及渠道的覆盖，以声量引爆、圈层渗透、多触点转化的营销流程，实现品牌传播力的强共振。

如何发挥内容共生力？通过定制内容，西瓜视频可以帮助品牌实现原生的内容传播；通过征集赛，帮助品牌锁定垂直圈层，联动头部意见领袖，整合线上线下资源，获取垂直大曝光；通过西瓜 Vlog 学

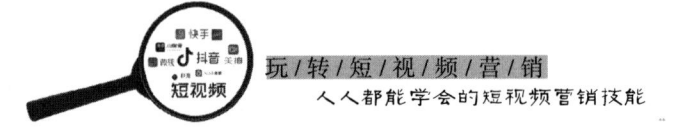

院，可以实现天然场景的原生植入，打造品牌专属主题，与目标用户进行高效沟通，提升品牌影响力。目前西瓜视频还处在持续发展中，未来将通过流量驱动、圈层渗透和内容共创，和行业一起共创价值，释放营销吸引力。

3. 洞察用户习惯

如何通过高质量内容吸引用户，帮助品牌与用户之间实现深度连接，是品牌营销中的关键点。用户习惯正在改变。他们追热点的周期正在变短，注意力呈现碎片化，而且很容易被"种草"。对于品牌而言，这带来了全新的营销痛点——商业机遇稍纵即逝，内容筹备却往往旷日持久；内容消费趋于碎片化，品牌故事又承载着过多信息；借势营销成本高昂，而自主造势通常难度极高。为了助力品牌冲破上述困境，西瓜视频打造出精品短内容的生态布局，以快速迭代的内容布局，高密度的信息渗透，高度定制的内容共创，为品牌的短内容营销带来更优质的方案。在具体的营销过程中，西瓜视频围绕垂类破圈、话题沉浸、生态共创三方面来发力，让精品短视频为品牌方带来更多重的营销价值。

4. 构建视频营销生态

移动互联设施的发展是移动视频成长的沃土。西瓜视频很早就意识到了用户碎片化视点的价值，并加以利用。此外，移动视频生产门槛降低直接激发了各领域创作者的创作热情，充分拓展了平台生态的内容宽度，让移动视频得以飞速成长。找到了 PUGC 视频领域的切口，西瓜视频选择持续深耕。在时尚、音乐、健康、科技等多个领域，西瓜视频全面发力，平台聚合了超 30 万名的优质 PUGC 创作者，成为孵化优质内容的超级流量池。丰富的内容为平台留存了超过 3.5 亿名用户，用户日均在线时长达 80 分钟，日均视频播放量达

40亿次。站在短视频风口，西瓜视频打造出了圈层文化的聚合阵地。OGC为山峰，MCN、头部创作者、个人创作者、意见领袖为高原，UGC为大海，西瓜视频构建了丰富多元的内容生态，满足了不同人群对视频内容的诉求。

西瓜视频不满足于只做精品内容的"发电厂"，也致力于将平台打造成传播中枢，连接内容创作者与用户、广告主和消费者，共建互利共赢的全链路生态，实现共感共生。"数据是刻度尺，内容是催化剂"。当前，通过对消费行为的聚类分析和关键词热度的洞察，西瓜视频把握用户内容消费需求，并通过用户偏好推动内容选题，全面打造了智能时代内容生产的新方式。基于对品类检索、明星热度与用户互动量的把握，西瓜视频依托数据洞察，开发多元精品内容，推出原创观察答题秀《考不好 没关系？》、情感微综艺《真话真话》等，节目体量更为轻盈，节目选题更为宽广，节目形式不断创新，有效满足不同用户的需求。追求"品效合一"的时代，品牌方除了增大曝光量，如何引发好奇、如何激发用户兴趣、如何点燃消费冲动、如何实现品牌沉淀一直以来都是营销难点。为了解决这一问题，西瓜视频提出内容营销进阶评估法则，根据不同的内容打法，匹配到对应的内容产品和用户群。通过前贴、后贴、开屏、一镜到底等方式，流量广告轻松覆盖了海量用户。为了保证品牌的高频露出度，联合LOGO、标版、压屏、明星口播等花式包装不断创新。针对产品卖点、特性，西瓜视频在场景中的合理使用、创意中插、彩蛋使得内容植入天衣无缝。此外，线上线下联动的整合营销方式也越来越受到品牌方的青睐。无论是流量广告、花式包装、内容植入还是整合营销，都可以在不同阶段满足品牌的不同需求，最终有效促成品牌用户资产沉淀，达成生态共创。营销从不止步，西瓜视频立足平台资源、深挖内容生

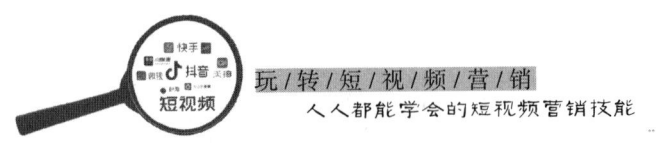

态、匹配营销玩法，从视点、爆点、燃点同时发力，驱动形成更具时代感的营销方式。

五、秒拍

秒拍是顺应时代发展的产物。秒拍在不断提高视频质量的同时，改变了用户的行为习惯。传统视频网站（如优酷、爱奇艺等）致力于为电影、电视剧提供平台。移动短视频平台（如秒拍、抖音等）则将重点放在突发新闻传播或个人展示方面。在互联网的继续发展下，用户将越来越习惯于在移动短视频客户终端制作、分享和观看短视频。用户只需在智能手机上打开该应用，按下拍摄按键就能进行拍摄，完成后美化上传至微博即可。以秒为视频时长单位的视频对操作技能要求较低，操作简单、便捷，实现了视频拍摄及上传的傻瓜式操作。微博、微信这些社交应用实现了信息的"即拍即传"，包括文字、图片、视频信息，秒拍同样具有信息传播功能。秒拍视频时长一般不超过10秒，短时间导致它内容的有限性，所以传播的一定是一些比较零碎的内容。秒拍依附于新浪微博等社交网络而存在，登录新浪微博可以看到各用户分享的移动短视频，看到精彩的内容后可以分享给他人或者转发到自己的微博，其传播速度十分迅速。秒拍短视频所呈现的内容一般都比较简短，依托强大的社交网络和应用才能有大量的受众，传播、接受范围才会更广。因此，依附于社交应用分享到公众交流信息的平台，既保证了受众的数量，又提高了社交网站自身的点击率，形成1+1>2的传播及影响效应。

视频营销时代有一个重要的思维，那就是联合思维，即能联合一切可以联合的力量来实现最大的营销效果。升级版的秒拍一方面实现了图片与视频合一，可以满足用户不同的信息获取需求，也让产品方能够最大限度地吸引用户参与进来；另一方面实现了横屏与竖屏合一，横屏适合品牌官方 TVC、意见领袖、专业视频内容，竖屏适合 UGC 内容，有助于用户获得沉浸式体验。这让秒拍同时具备意见领袖 +UGC 内容的优势，加上秒拍在 MCN 机构合作上的率先耕耘，产品方在秒拍上做营销有了更多的选择。产品方绞尽脑汁让自己的产品、形象更贴近年轻的用户。作为营销平台，为了让产品方更好地完成年轻化战略，秒拍提供年轻化一站式服务，具体内容如下。

1. 营销活动年轻化

作为起步较早的短视频平台，秒拍早已进入短视频营销领域。曾经的图文信息流的营销方式做法比较单一，而短视频营销则开启了更多元的做法。秒拍通过提升营销的趣味性，直触年轻用户的兴奋点。另外，秒拍还与肯德基策划完成了一次极具趣味性的营销活动，即在圣诞节秒拍联合肯德基共同发起话题活动——圣诞吃鸡，并邀请一些影视明星拍摄圣诞愿望视频，带领粉丝一起上传自己的"圣诞愿望"。这个活动在年轻用户中产生了很大的影响。

2. 内容年轻化

秒拍的基因是"明星"，大量的明星入驻。明星不仅带来了庞大的流量与话题，更带来了年轻化的内容。明星在秒拍上发布生活日常、新歌 MV、影视剧预告片……能极大地吸引年轻用户的注意，引发话题、讨论，甚至引领风潮。2018 年年初，众明星在秒拍上发起"放肆穿衣挑战"活动，号召大家尽可能地往身上穿衣服，每穿一件平台就代表挑战者为边远山区捐出一套保暖物资。明星身体力行，带动粉丝积极参与。

秒拍与大量的优秀 MCN 机构有很好的合作关系，而且秒拍未来将进一步对优质内容进行大力扶持和推荐。大多数 MCN 出品的内容有追

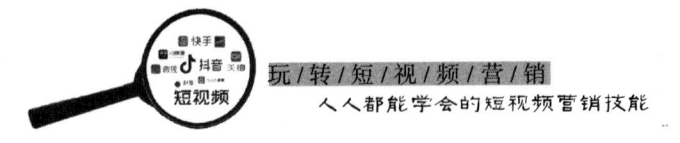

热点、引发共鸣、贴近年轻人等特点。大量的 MCN 机构在秒拍上持续产出高质量视频，保证了秒拍持续推出年轻化内容。此外，月活跃数亿名的 UGC 用户，更是成了秒拍年轻化内容源源不断的供给者。秒拍聚集的大量新主流用户，热衷于拍摄视频进行分享，而视频内容主要包括生活日常及追星过程。用户通过发布生活日常视频进行自我表达；追星相关的视频极大地促进了年轻用户之间的交流。

3. 渠道年轻化

秒拍在社交属性上，拥有自己天然的优势，通过与微博的链接，实现了内容的便捷转发。艾瑞数据提供的微博用户画像显示，2018 年 3 月，微博月活用户突破 4 亿，其中 30 岁以下的用户占比约为 54%。年轻用户更热于对内容进行分享与讨论，这些用户保证了秒拍内容的传播力度，让营销内容的势能得以更好地释放。秒拍为拍拍贷定制的营销方案，通过年轻化的社交渠道，让营销内容的价值最大化释放，吸引了更多年轻用户参与。秒拍发起"在这个信用缺失的时代，美女 vs 丑女借钱的差距到底有多大"话题，并邀请意见领袖制作话题相关视频。类似这样对比强烈、贴近"赤裸裸的现实"的话题，最容易引发年轻用户讨论、转发，在用户的互动过程中不仅提升了产品的传播力度，也让用户更容易接受产品方想要表达的理念。

4. 用户年轻化

秒拍是一个年轻化的视频平台，并且拥有众多的年轻用户。秒拍未来将进一步发掘目标用户需求，通过结合明星战略以及年轻化定位，让平台更多地聚集优质新主流用户，并为用户提供更多、更契合的内容。

5. 年轻化营销的一站式服务

秒拍通过年轻化的营销活动、年轻化的内容、年轻化的渠道、年轻化的用户为品牌提供年轻化营销一站式服务。例如，2016 年起上海迪士尼度假区为了吸引更多年轻人前往，与秒拍展开了持续的深度合作。首先，在营销活动上秒拍整合各类资源，不仅通过发起"春天心故事""迪士尼万圣节""迪士尼新年篇""玩具总动员"等主题活动，邀请明星以及意见领袖拍摄视频发起号召，吸引年轻用户参与；还联合一下科技旗下的其他产品共同发力，全方位营销，影响更多的用户。其次，秒拍与短视频平台咯吱一下合作，通过其旗下最贴近年轻人的潮流栏目《暴走街拍》，为园区进行内容深度定制。该栏目特别策划"暖男向前冲""幸福停车"两期短视频，通过对迪士尼最常出现的"情侣档""家庭档"的街头采访，从内容上与受众建立联系与共鸣，通过趣味话题采访打动受众，提升受众对迪士尼的好感度。最后，将相关活动与内容在微博等渠道进行全面分发，获得了上千万次的播放量及过亿次的话题阅读量，影响了众多的目标用户。只要内容足够优质，就会获得用户的互动、转发。

秒拍正是通过年轻化的营销活动来引起年轻用户的兴趣与参与，再通过年轻化的内容、年轻化的渠道将内容准确地传递给平台更多的年轻用户。年轻用户再反哺产品方的活动，形成营销闭环，完成产品年轻化营销的一站式服务。

六、抖音火山版（原火山小视频）

抖音火山版的时长最长为 15 秒，它是以原创生活内容为主的小视频社区，由今日头条孵化，通过小视频帮助用户迅速获取内容、展示自我、获得粉丝。2020 年 1 月，火山小视频更名为抖音火山版，并启用全新图标。越来越多的城市消费群体，如今正在成为扭转品牌增长局势的一股不可忽视的力量。据相关数据机构预测，未来 10 年内中国城市家庭中中产阶层及富裕阶层的占比将大幅提升，其中来自三、四线城市的

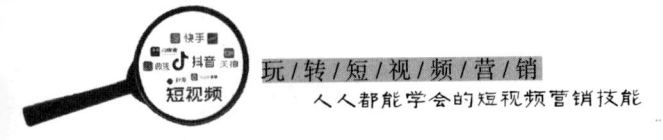

中产阶层，将成为占比增长最快的群体。2019年年初，国家发展和改革委员会发布政策，鼓励地方促进汽车消费。汽车作为家庭的大额消费，是经济发展的风向标。在经济发展和政策扶持因素的叠加之下，三、四线城市正在经历一场前所未有的消费升级，成长为商业增长的新地区。2018年，许多具有先见之明的产品方就与火山小视频联手，打造了一系列颇具参考价值的新型的成功的营销案例。

1. 瞄准三、四线城市用户

相关数据表明，在近年来的"双11"期间，许多平台新增用户的60%来自三、四线城市，新增的用户对火山小视频的使用次数达到了近百次，并在用户组成上男性用户正在追平女性用户。海澜之家主打了"保暖羽绒服"，希望拓展的正是这样一群具有强烈消费意愿和消费实力的三、四线城市年轻用户。作为三、四线城市市场年轻人分享精彩生活的聚集地，火山小视频在此次传播中运用圈层文化让海澜之家的品牌影响力被层层渗透到目标人群中。更有闲暇的城镇休闲人群、更有购买力的中坚力量人群、更专业的职业技能人群，这些圈层核心构成的群体通过自身庞大的圈层影响力和带货能力，推动海澜之家"保暖羽绒服"的产品信息迅速在三、四线城市年轻用户中扩散、发酵，形成品牌认知。同时，火山小视频为海澜之家定制了以"下雪天送温暖"为主题的个性化宣传素材，"时尚保暖不是梦""来海澜之家做冬季帅气暖男""海澜之家送御寒基金，助你无惧严寒"等不同侧重点的主题文案与画面，通过火山小视频的开屏、多素材频道大图信息流的助力，在"双十二"换季购物潮来袭之际为海澜之家进行了极具价值的三、四线城市营销探索，带来电商引流用户107.8万，成功实现低成本高转化的营销推广。

2. 精准投放 + 高互动

相关数据表明，在计划购车的人群中，三、四线城市年轻用户占比达 55%，超越一、二线城市。汽车市场的下沉已成为必然趋势。三、四线城市正在成为汽车企业营销的主战场。对于车企而言，营销手段能否达到精准和高效互动，是关键的评估指标。全新 BMW X5 在火山小视频上的 DMP 投放，可以说是火山以数据为驱动力高效链接三、四线城市用户的代表案例。在火山的广告平台上，DMP 能够帮助广告主在庞大的流量中多维度地精确筛选触达目标人群。火山为全新 BMW X5 此次"破万境，立新境"的 DMP 投放选择了五大人群标签：基础定向 31～49 岁的男性、家庭人群、高学历高收入高社会地位的人群、关注汽车人群，最后是基于火山广告行为数据描述的三类人即勇者、王者和享者。最终，经过层层筛选和精准定位的人群投放帮助 BMW X5 收获了高于行业均值 116% 的广告点击率。高互动则是吉利远景"点亮幸福回家路"营销活动的诉求。2018 年春节期间，火山小视频邀请了 4 位达人分别从"幸福归途路、幸福来敲门、幸福年味秀、幸福不一样"四个角度创作生活化短视频，点燃用户的情感。配合硬广曝光和流量加热，投放首日实现了 62 万次的曝光成绩，引发广泛的用户互动参与。最终活动总投稿量超 26 万份，作品总点赞数超 286 万次，评论分享数超 93 万条。而且，通过定制的创意贴纸在视频作品中的传播，集中展示了吉利全新远景的车型与卖点，引发用户对于全新远景的关注，真正实现了火山用户与吉利品牌之间的情感狂欢。在 2019 年的春节前夕，这种平台、用户与品牌之间的互动被推上了新高度。2019 年 1 月，由吉利博越全力冠名的 2019 火山直播璀璨之夜在北京工人体育馆盛大举办。华少、朱丹共同主持，邓紫棋、金志文、袁娅维等众多明星大咖和火山直播多个频道的头部主播汇聚工体，通过一系列精彩的表演和互动游戏，为现场 2000 位观众和亿万线上观众带来了一场视听上的饕餮盛宴。与此同

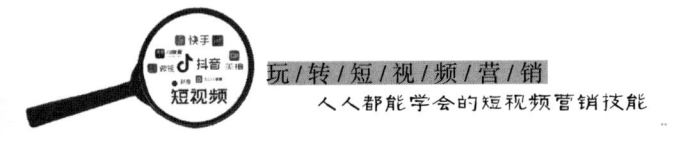

时，吉利博越的 65 万名车主也齐聚线上线下，通过短视频分享生活和热爱，通过火山小视频这个强有力的连接平台，进一步强化和品牌之间的情感共振。

3. 人群价值共鸣

最好的营销不仅是要有效果的，更应该是有温度的、能够洞察目标受众情感需求的、能够引发他们与品牌共鸣的。火山小视频与中国邮政储蓄银行发起的#青春大胆晒，有爱秀出来#视频挑战赛，就借助时下流行的短视频热潮，成功引发了一次全国年轻人的集体共鸣。配合中国邮政旗下第一张"青春"主题信用卡的诞生，火山小视频洞察到其背后对年轻人个性化生活主张和自我标签的深层内涵，在平台上运用主题小视频挑战赛的方式，鼓励年轻人大胆表达自我，宣扬青春态度，借助内心世界共鸣拉近青春信用卡与年轻人的情感距离。无论是精致的生活态度，对情感的大胆追求，还是独立思考习惯的培养，以及凡事都要全力以赴的奋斗精神，都成为此次中国邮政视频挑战赛激发年轻人创意的切入点。简单易玩的活动设置、诚意十足的奖励诱惑，再加上达人的带头示范，在三大举措启动并进的强势"围攻"下，火山用户的创作欲望被彻底激发，纷纷打开脑洞拍摄自己的创意视频。截至结束，活动吸引了近 9 万名火山用户参与，产出视频 UGC 11 万条。在这个案例中，火山与中国邮政利用卡面简短有力的青春宣言，直接切入年青一代复杂多变的消费心理，借助短视频平台"以情动人"的独特优势，迅速拉升品牌声量和用户好感分。

4. 线下列车 + 达人直播

火山小视频为韩后特别定制的"好运列车"在 180 天里穿梭 17 省 97 城，线上也同步开启一班"好运列车"。乘坐线下专列的旅客可以通过扫码进入线上联动，线上的火山小视频用户也可以通过开屏、首页信息流、搜索页同步体验韩后"线上专列",以及奖励多多、玩法多样的挑战赛活动。这班虚拟专列依次途经广州、长沙、武汉、郑州、北京各"站点",并且在每个"站点"里用户都能和品牌设置的有趣内容"魔性"互动。火山小视频在韩后"好运列车"传播活动中充分发挥达人的影响力,邀请达人们前往列车站点进行线下打卡,参与品牌专属话题#好运连连嫩开颜#挑战赛与粉丝们分享视频,通过线下线上共同联动造势,韩后品牌在火山小视频线上的话题热度被迅速点燃。透过达人引导,话题下涌入了一大批带有韩后品牌元素贴纸的优质用户原创内容。在意见领袖+UGC的共同推动下,话题迅速登上了火山小视频的话题热度首位。

三、四线城市作为一个新的流量价值风口,正为新时代营销带来诸多变革。青睐短视频和直播、娱乐为先、高互动性、圈层影响、消费升级等一系列三、四线城市特征,都集中呈现了高增长潜力的多元化营销价值。于品牌而言,如果无法渗透到三、四线城市,就意味着丧失了很大一部分未来的市场增量,品牌们所积累的一线市场成熟的营销运作经验在三、四线城市也并非一路畅通。这样的背景下,火山小视频对三、四线城市的深入了解,人群消费行为研究,广告技术产品研发,以及平台影响力上的独特优势,就成为品牌进军增量市场必不可少的帮手。如何触达与有效沟通三、四线城市消费者,如何去打通路径更为复杂的销售通路,如何抓住三、四线城市创造的消费红利,是未来火山小视频与品牌需要共同探索和解决的深层课题。

七、其他平台

1. 哔哩哔哩

哔哩哔哩(简称B站)创建于2009年6月,其初衷是为用户提供

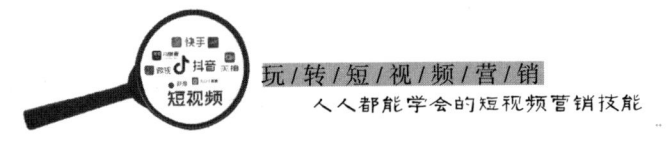

一个稳定的弹幕视频分享网站。B站目前可分为动画、音乐、舞蹈、游戏、科技、娱乐、影视、番剧等若干频道，每个频道都有索引，方便用户查找想要观看的视频，每个频道都设有自己的排行榜。

2020年年初，B站通过一场二次元春节晚会实现了传播破圈。B站的用户以"95后"为主，更加年轻及多元化，再加上钉钉等品牌在B站上的一系列营销动作，让B站成为2020年上半年备受关注的营销传播平台。B站的内容受平台推荐影响较大，但B站也有大量的用户主动搜索流量，给予了品牌营销更大的空间。总体来说，B站有三大类合作方式：曝光、大项目、核心创作者。与二次元相关的内容能保障品牌曝光及流量。相较于快手、抖音，B站有短、中、长不同时长的视频，也更注重内容、价值观的输出。以前，B站给用户留下的印象是弹幕、二次元区和"非主流"人群，而今，B站逐步面向全体年轻人。二次元区主要是动画区、番剧区、游戏区等，非二次元区有生活区、娱乐区、科技区、鬼畜区等。2020年，生活区打败游戏区，成为B站的第一大区，这是B站破圈成功的重要表现。

2. 皮皮虾

皮皮虾脱胎于"内涵段子"，整体社区风格幽默感十足，社区中互动性非常强，有神评、抢楼等跟帖文化，在年轻群体和下沉市场颇受欢迎。皮皮虾平台的营销方式基本分为两种：流量产品合作及内容合作。流量产品合作就是开屏、信息流等投放，而内容合作更多是IP联合以及一些定制化的创新营销。基于社区及用户特性，皮皮虾与游戏产品合作得更加频繁。以魔域与皮皮虾的合作为例，正是产品方与短视频平台打造了一场"真皮大会"，通过意见领袖入驻、奖品赞助、banner（横幅）广告等各种资源，为App下载引流，最终获得了亿级曝光。

3. 梨视频

梨视频定位于新闻资讯短视频平台，不仅拥有专业的媒体团队，也吸纳了全球范围内的拍客群体。从内容上来看，它更加贴近社会突发性热点事件，适合主打生活方式的产品进行营销合作。在营销方案上，梨视频与常规短视频平台的最大不同在于，它可以通过拍客的方式进行纪实采访合作、共同打造话题热度，有了更多的趣味性。例如，在舒肤佳与梨视频的合作营销中，通过定制采访话题上街随机采访"暑假怎么过？"，街拍视频最终被剪成精彩片段进一步在社交媒体上传播，提升"童年无忌"这一话题热度，最终全网总曝光量达到 1612 万次 [梨视频曝光 358 万次、微博（秒拍）视频曝光 1254 万次]，街拍视频的总播放量达 591 万次、点击量达 570 万次。

第五章 策略：让不可能成为可能

一、选对平台

每个短视频平台都有自己的优势和特色，都有自己的用户群体，因此进行短视频营销必须选对短视频平台。平台选对了，会产生 1+1>2 的效果，也会提高短视频营销的效率。

1. 平台特点与内容定位匹配

每个短视频平台都有自身的属性及特点，短视频平台的用户也是如此。例如，美拍的用户中年轻女性居多，比较适合美妆类、时尚类短视频进行投放。如果你的短视频是游戏电竞方面的，就更适合 B 站这类游戏用户比较多的平台。选择渠道前应认真思考短视频的定位及营销的目的，全面了解各平台的调性与用户特点，看与自己的目标用户是否吻合。

2. 了解并适应平台规则

与其特点一致的内容，会在短视频平台上更受欢迎。各种短视频平台都会有这样那样的规则，因此有时候产品方需要不断进行自我调整，使产品更加符合平台的要求。对短视频进行多渠道分发时，可以视不同平台的规则分别进行视频剪辑。

3. 获取渠道资源

在短视频平台上选择一个好的推荐位十分重要，假如能够联系渠道

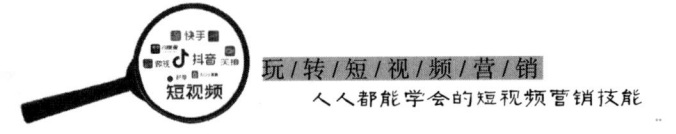

方将短视频推荐到一个好的推荐位，比如绿色通道等，就可以取得较好的营销效果。当产品方通过新手期、完成试运营并获得分成后，随着越来越多的创作者入驻各个短视频平台，短视频平台的要求就会越来越严格。产品方在平时的运营中要着重去获取、分析渠道方面的资源。在视频的发布方面，如何起标题、如何准确描述产品等也是一门学问。很多时候，短视频的点击量取决于标题。在起标题或者描述产品时，必须坚持客观、准确、有信息量的原则，杜绝标题党、低俗等。

二、打造内容与故事

所有产品都可以讲故事，关键在于能否讲好故事。讲好故事的关键在于找好角度。以抖音、快手为代表的短视频平台如雨后春笋般涌现，吸引了大量传统社交软件用户，为产品方的信息传播带来了新的机遇。产品方如何抓住这些机遇并且讲好自身的故事呢？我们认为，需要坚持以下原则。

1. 第一印象规则

短视频必须在几秒内抓住用户的眼球，以便吸引用户持续地观看。这里建议产品方创建一个恰当的场景，以争取第一眼就快速地抓住用户的眼球。

2. 点燃用户

一些短视频平台用户的特点是喜欢模仿，以抖音为例，它就比较鼓励用户去模仿比较流行的、比较受欢迎的视频。因此，专注于短视频平台的热点，创建简单、易于模仿和有趣的内容是十分重要的。例如，有关头脑风暴的视频，在抖音中被模仿的数量已经超过几十万次了，传播量是十分可观的。这种不断地模仿延长了短视频的传播链，扩大了短视频的影响范围，提升了影响力。

3. 垂直屏幕规则

从传统的横向版本转变为垂直版本是短视频的重大突破。相关数据表明，当智能手机的用户垂直性地握住手机时，比水平握手机时的播放效果更好，因而基于垂直屏幕的短视频就会取得更多的关注量。因此，如果选择抖音平台作为营销平台的话，就应该尽可能地制作基于垂直屏幕的短视频，以便更贴近用户的浏览习惯。

4. 创造一个场景

接近生活的短视频内容很容易与用户产生共鸣，因此，在短视频营销策划中创造、设置场景十分重要。例如，为了推广相关产品，产品方可以与各个平台合作推出带有场景、故事情节的短视频产品，用吸引人的情节将用户带入短视频内容之中。

三、拍摄与制作

短视频平台已经逐渐成为当下深受用户欢迎的主流平台。越来越多的人希望借助短视频的力量来推广、营销自己，获得粉丝的关注、点赞、转发。个体用户如此，企业用户更是如此。但是，并非所有的短视频产品都能够受到欢迎。除了选对短视频平台，还需要在短视频的拍摄与制作方面狠下功夫。在制作短视频时应该选取好的题材。短视频是通过视频这种载体形式来呈现相关内容的，因此选择适合的题材很关键，拍摄、制作的水平也同样很重要。即使有好的题材，假如拍摄的时候简单粗暴、制作的时候粗制滥造，则必然很难吸引用户注意。因此，在制作短视频的时候，一定要严格要求。接下来介绍一些拍摄、制作短视频时的技巧。

1. 构图是关键

在绘画、摄影和平面设计中最讲究的因素之一是构图。创作者要根据要求把题材、主题表现出来，将两者结合好，就必须重视摄制时的构图。要想构成协调完整的画面，就要把要表现的形象适当地组织好。在拍摄的过程中，要防止画面质量不佳、重点不突出、画面混乱、色彩杂乱等。拍摄的对象如果表现得不够突出，拍摄人员就可以通过构图将作品的主体表现出来，原则是主次分明、画面简洁明了，让受众赏心悦目。

2. 防抖不可少

一些人在拍摄视频时，经常会因为缺少支架等工具而使画面发生明显的抖动。因为短视频的镜头十分聚焦，如果镜头抖动，就会让人感觉很不舒服。即使构图再好，假如镜头抖动得厉害，也是会影响质量的。最终会使观看者产生较差的体验感。在拍摄短视频的时候，该如何解决画面抖动的问题呢？

（1）利用防抖器材，如三脚架、独脚架、防抖稳定器等。现在有很多防抖器材，如手机支架、摄像机支架等，可以根据需要配备一两个防抖器材。

（2）拍摄时，应该注意拍摄动作，避免大幅度地调整动作，防止出现明显的抖动。例如，在移动拍摄视频时，拍摄者应尽量减少上半身的动作，可缓慢地小碎步移动；走动时，应保持上半身稳定，稳步移动下半身；当镜头需要转动时，应该以上半身为旋转轴心，尽量保持双手不抖动。

3. 要懂得运镜

拍摄时，拍摄者要注意画面应有相应的变化，同一个焦距不要运用很长时间。拍摄者应该通过运用推、拉、摇、稳等镜头的运用手法，使画面拥有十足的变化。在定点拍摄人物时，拍摄者应该注意通过推镜头来进行全景、中景、近景、特写的拍摄，实现画面的切换、变化，避免画面单调乏味。

4. 注意光线的运用

众所周知，无论是拍视频还是拍照片，光线运用得好，可以让拍摄的视频或照片的效果提升不少。在拍摄的过程中，拍摄者要运用顺光、逆光、侧逆光、散射光等来突出所呈现的物体与人物，同时要确保视频的清晰度，明一片、暗一片是不行的。当场地的光线不足时，拍摄者可以适当使用补光灯，以使画面的光线在合适范围内。

5. 后期制作的注意事项

拍摄好短视频素材后，还要进行后期剪辑制作。后期剪辑制作的内容包括画面的切换、配字幕、配背景音乐、配音、配特效等。短视频制作者要确保短视频的创作主题清晰、连贯、明了，并要严格根据前期定稿的脚本进行。在进行视频剪辑的过程中，制作者可加入转场特技、蒙太奇效果、多画面效果、画中画效果和画面调色等技术，以达到想要的短视频效果。制作特效的时候，应该注意特效的使用不要过度，因为合理的特效会起到事半功倍的效果，而过度的特效则会给人眼花缭乱的感觉，只会起到事倍功半的效果。

6. 时长要适当

顾名思义，短视频的特点是"短"。在时间上，短视频的时长要控制在2分钟以内。对大多数用户来说，短视频30秒之后如果还没有交代要表达的主要内容，就会使人失去继续观看下去的兴趣。因此，在拍摄短视频时，建议拍摄的时间不要过长，而且要在一开始就能抓住人的眼球。

四、对接用户

相关统计数据表明，截至2021年年底，我国网络视听用户的规模

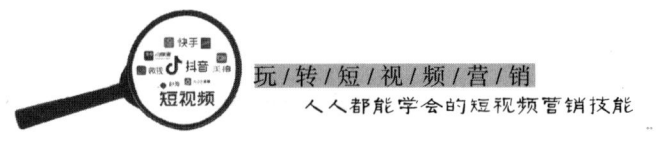

已经超过10亿人，网民的视听平台的使用率已经达到了95.8%。由于一、二线城市用户的饱和，72.2%的新增网络视听平台的用户主要来自三线、四线及五线城市。短视频平台在我国已经拥有十分广泛的用户基础，并且已经覆盖到我国的广大乡村地区。受新冠肺炎疫情的影响，许多线下活动（如购物、娱乐、教育等）受到了很大的限制，这也在一定程度上促进短视频流量持续增长。随着人们消费习惯、生活习惯的转变，便捷、生动、有趣的视频化表达逐渐成为越来越多人喜爱的方式，促进了用户对短视频的依赖。

从性别的角度看，在短视频营销的场景中，女性用户越来越多，已经达到了51.2%，超越了男性用户。基于此，许多短视频平台围绕女性的穿搭、化妆、塑形等内容为线下实体的发展带来了新一轮的热度。在女性营销中更注重的是女性的多元化需求和个性化消费，在消费行为的影响下，短视频内容营销日益重视对女性消费诉求的满足。

从年龄和区域的角度看，短视频平台用户中18~25岁和46岁以上的人数增多明显，女性和老年人的兴趣需求依然是短视频平台流量增长的突破口。在用户区域方面，新一线城市的流量增速加快，用户数反超四线及以下城市用户数，一线、新一线城市用户仍然是短视频平台用户的主力军。

从内容输出的过程看，产品方应构建圈层的内容型社交，以输出的核心内容加强与用户的联系。对于产品方来说，短视频平台应该想方设法地加强对有关用户注意力、记忆力和认知价值信息的输入。在同质化审美传播的渠道中，产品方应注意吸引用户的注意力，促进用户对短视频中所包含信息的认知与理解。

从内容制作、输出的过程看，产品方应使品牌价值与短视频内容高度契合，围绕目标用户进行精准的信息输出。产品方应力争在用户对产品的第一印象中就加强用户对产品的认知与情感联系，找到用户的痛点、泪点、槽点，以促进用户对产品信息的记忆与识别。

人性化是短视频营销的一个原则。与传统内容价值输出相比，短视频平台的内容优势主要体现在人性化方面，具体就是更加关注用户本身的实际需求。产品方在设计短视频内容时，应该使其更加真实化、人性化，缩短与用户的空间距离和心理距离，将产品宣传内容转变为对用户真实生活内容的呈现。这样的内容更具真实性、可靠性。人性化使得短视频平台从传统的流量模式转变为人群模式，从产品的营销转变为人与人之间的社交营销。

目前，短视频已经逐渐渗透到用户的日常学习和生活中，视频化的内容、线上教育、远程办公、在线问诊等产品类型正在向各年龄段、各阶层、各领域扩散。短视频平台通过大量的内容输出，打造IP，吸引流量，促进用户的留存与转化。这一点已经成为产品方运营短视频的重点所在。这也要求产品方将流量思维转变为人群思维。不论是营销，还是内容输出，最终要回归到用户的本质需求上，加强对用户信息需求的满足。

短视频时代，人人都是参与者、创作者。由于各个方面的影响，许多线下实体行业转战线上，在线上输出优质的内容，积累用户，提升品牌的圈层影响力和传播力。短视频营销的核心在于短视频内容，这要求在短视频营销方面更加精准与优质，以吸引受众的关注。只要短视频的内容做得好，流量就会跟着内容走。消费者的注意力在哪里，短视频内容创作的重点就应该在哪里。短视频的大发展催生了大量的网红，如内容网红、事件网红、直播网红等。网红就意味着流量。如果没有优质内容的持续输出，产品方最终会被市场抛弃。网红在进行内容输出的过程中，应该有意识地打造个人IP，成为流量以及渠道的代言人。

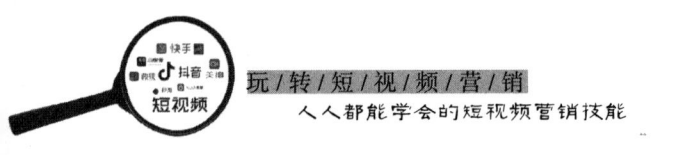

五、精准推广

电商经历过价格战之后,已经将商品价格压到了较低的水平,因此,对于短视频平台来说,价格成本、采购成本已经不是在进行营销时所做决策的关键之处了。如何通过营销获得最大的效果,才是短视频营销的关键点。

在短视频平台中,如抖音、快手、西瓜视频等,都强调这样一句话:将合适的信息给到合适的人,才会取得想要的效果。合适的信息以什么样的方式才能给到合适的人呢?这是抖音、快手、西瓜视频等所有短视频平台不断调整算法的主要出发点之一。这就是所谓的精准推广。精准推广的前提是要锁定对自己产品有需求的用户群体,了解这些用户的信息需求,了解他们满足这些需求的方式和习惯,然后打造对应的产品,借助算法和大数据进行精准推广。

精准推广虽然只是短视频平台进行产品营销的一环,但是应该在短视频制作的初期就将精准推广的方案确定好。只有目标用户明确,才有精准推广的可能性。可见,精准推广的理念应该贯穿于短视频营销的整个阶段,精准的用户、精准的渠道、精准的短视频、精准的推广策略,都是进行精准推广时必须明确的问题。

第六章　短视频广告营销

短视频广告指用较短的时间视频来承载广告，可以在社交 App、短视频 App、新闻类 App 等应用中出现。在视频移动化、资讯视频化和视频社交化的趋势带动下，短视频营销正在成为新的品牌营销风口。在智能移动终端普及的当下，移动短视频成为人们获取内容和信息的主要渠道之一。由于其短小精悍、即时传播的特点，相比于传统的平面媒体，移动短视频更受受众的欢迎。因此在大数据时代，如何利用短视频这种特殊的内容传播载体对广告内容进行传播，为受众打造有价值的广告内容，是所有广告行业的人士都需要重点关注的问题。

相对于传统电视广告和平面广告来说，短视频广告具有短小精悍、内容丰富、易于传播以及成本较少等特点。具体来说，当下短视频广告大多有时间限制，广告商需要在十几秒的时间内对产品进行包装，同时还不能引起受众的反感，这就对视频内容的质量提出了更高的要求。同时，短视频广告准入门槛相对于过去的电视广告来说要低很多，广告制作成本极低，况且各大短视频平台都设有评论和转发功能，便于用户参与到其中。

短视频广告与传统广告的区别就在于以客户为根本，是靠客户分享进行品牌传播的一种策略。具体来说主要有产品介绍、让受众共情、提供有价值的内容以及新颖独特的形式四种功能。不少商家制作的短视频内容颇具知识性和故事性，将产品概念融入故事当中，让用户更容易接

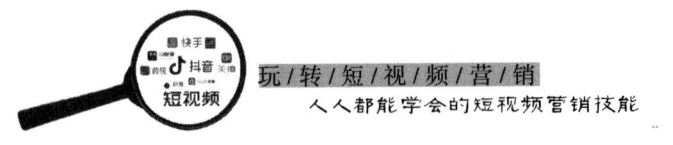

受，也更容易引起用户共鸣，从而激发用户转发，达到品牌传播的目的。而且在受众互动意识非常强的当下，短视频还结合各大营销卖点以新颖的方式引发消费者关注，提升品牌曝光度。

伴随着互联网的发展和渗透，大数据时代也随之而来，数据已经渗入人们生活的方方面面。想要做好内容或者是广告传播，更离不开精准的大数据计算，分析用户喜好、性格，从而有针对性地进行广告推送和投放。近些年的多数案例和实践显示，结合大数据算法的短视频广告传播往往会取得爆炸性的效果。例如朋友圈、微博等社交媒体上面的短视频，根据不同人的观看习惯和偏好进行推送，效果相比于过去有了很大的改善，在避免用户反感的同时，也提升了广告的价值。短视频对于广告传播来说益处是显而易见的，对于企业提升知名度和利润率大有帮助，但是在发展过程中也存在一些问题。例如，短视频制作方便、成本较低，因此容易出现内容重复率高和粗制滥造的现象。同时，由于监督机制不完善，准入门槛较低，因此也造成了虚假广告较多的问题。

一、认识短视频广告

当今社会，在媒介融合的大环境下，影像艺术借助融媒体进行优势扩展，短视频正好适应这个追求"短平快"的社会。我们已经进入了读图时代，相对于需要深入理解的文字，直观的图片更容易被人接受，而且青年群体更愿意享受视频画面所带来的视觉刺激。所以，一般时长在20分钟之内的短视频，借助大众媒介技术，迅猛发展。近年来，短视频的商业变现规模可观，短视频广告在依托短视频平台数量可观的受众群体与平台基于大数据的个性化推送的基础上，实现精准投放，成为体现短视频商业价值的重要代表。基于短视频广告的优势算法，各类广告主纷纷将投资视角转向短视频的蓝海。相关数据表明，2017年中国广告主

第六章 短视频广告营销

短视频、直播营销的意向占比18%，到了2018年，中国广告主短视频营销意向占比跃升至65%，5G的商用将会为短视频行业注入新的活力，而短视频这类新兴营销平台将会受到更多关注。在新兴技术的进一步商用与广告主不断增长的投放意向的加持下，可以预见中国的短视频广告将呈井喷式发展。

短视频作为近几年兴起的媒介，诞生于移动互联网碎片化消费的趋势之下，由于具有"短平快"的特点且在传播上更依赖社交平台，传播的影响力也更大。2013年，美国IAB（互动广告局）的广告研究机构发布的《原生广告手册》（*The Native Advertising Playbook*）将原生广告定义为充分吸收广告客户和平台的共同需求而设计投放的付费广告。社交和资讯类App成为放置这些有趣的品牌视频广告最有效的平台。视频广告公司Sharethrough认为原生广告是一种新型的媒体形式，这种媒体使得用户的广告体验无论在功能还是形式上，与使用媒体其他内容所获得的体验相同。在承载原生广告的各类媒介中，由于视频传递的信息更加立体和形象，而被广告商和媒介认为是发挥原生广告最大商业潜力的形式。Sharethrough很早就意识到了原生视频广告存在的巨大商业价值，Sharethrough通过与创意组织和内容发行机构的合作，输出了大量具有创新形式的原生视频广告。引领原生广告发展的，正是视频。原生广告巧妙地隐藏在信息流中，与内容营销、社论广告和植入广告相比，原生广告的核心意图是用户体验。原生广告不同于传统的贴片广告，它并不独立于内容存在，而是将广告融入内容的生产，在实践中表现出了丰富的延展性和创意的可塑性，最大限度减少用户因为硬植入而产生的抵触心理，因此用户的体验更好，广告的转化率也更高，深受媒体的喜爱。短视频和原生广告的结合，使品牌和内容以一种高度融合的姿态呈现，虽然兴起不久却展现出了极大的市场价值。六小龄童和百事可乐合作推出的短视频广告《把乐带回家之猴王世家》，饿了么和王祖蓝推出的短视频广告《饿了别叫妈，叫饿了么》，手机淘宝的《一千零一夜》等是短视频广告的经典案例，它们不仅成就了广告背后的广告主和内容生产者，也证明了短视频广告的可行性。短视频与原生广告的结合为移动互联网的广告行业注入了新的生机。以原生内容为营销手段进行广告植入，成为广告主和广告商青睐的营销方式。与传统的网络视频相比，短视频在内容上的垂直化倾向明显，借助短视频工具，小众内容也能吸引可观的流量进而形成社群，广告在投放上也更加精准。

短视频广告的发展历程主要有：电视广告时代，短视频在电视广告时代多以广告片的形式出现，制作精美，但是缺乏与受众的互动性，主要用视频语言表达营销故事的方式向大众普及；PC 广告时代，短视频在 PC 广告时代多以视频贴片的形式出现，更加注重内容与用户的互动性，培养了用户短视频内容的消费习惯和交互习惯；移动广告时代，在移动广告时代，短视频的媒体平台成为短视频广告的主要阵地，与受众的互动性增强，同时具备内容属性和社交属性。

1. 短视频广告的产生与发展

（1）适应碎片化的媒介消费趋势。近年来，互联网手机用户的增长态势明显，短视频在手机用户中的渗透率也越来越高，用户逐渐养成了消费视频内容的习惯。短视频广告由此被大量运用于互联网的话题制造，以及品牌推广的线上营销领域。利用短视频作为营销手段，最早可以追溯到美国十大快餐连锁品牌之一的唐恩都乐，其在美国国家橄榄球联盟比赛期间投放了一则由短视频品牌 Vine 制作的广告。大致内容是一支印有唐恩都乐标志的咖啡杯队伍，与另一支由奶昔杯组成的队伍进行橄榄球切磋，最后大获全胜。生动活泼的画面使这则广告收获了极高的评价，唐恩都乐也提高了品牌的曝光率。传统的图文时代，用户对广告植入的感知比较明显。原生视频广告的特点就在于兼顾用户体验与品牌传播，让内容成为产品的广告。与贴片视频广告相比，原生视频广告在用户体验和二次传播上的表现更优，而贴片视频广告在用户体验和转化效果上开始呈现出落后态势。由于内容消费具有碎片化的特点，短视频的出现使得原生视频广告拥有了更多的表现可能，对于广告商来说，将广告做成视频形式可能会取得更好的转化效果。作为广告的内容载体，短视频所具有的信息量集中的特点也非常适合在碎片化移动互联网的媒介消费环境中应用。2016 年春节期间，百事可乐联合六小龄童推出的短视频广告《把乐带回家之猴王世家》，一个月内在各大社交媒体的累计播放量达到了 5 亿次。短视频广告在电商平台同样拥有非凡潜力。手机淘宝推出的美食类短视频节目《一千零一夜》，每一集将商品作为原生广告进行植入。第一集关于鲅鱼水饺的节目播出后 2 小时之内，广告主卖掉了近 20 万只水饺。此外，与传统图文广告不同，视频广告在投放之后，仅仅监测转化率和曝光度是远远不够的，必须对用户的主动行为进行监测，可根据播放进度来抓取更真实的用户数据。

（2）流量寻求优质变现的结果。随着移动互联网渗透率的不断提高，短视频正在掠夺用户消费媒介越来越多的时间。短视频短小精悍的特点，让植入的贴片广告看起来像披上了一件厚重的甲衣，不利于"短平快"的传播。与传统广告相比，短视频借助原生广告能获得更广阔的盈利空间。原生广告的出现使得以流量为导向的广告朝着以品牌为导向的方向转变，这是流量寻求优质变现的结果。传统的网络长视频中虽然也有广告植入，然而面向消费者的传播更多还是停留在产品功能的层面上。消费者尽管能够基于广告传递的信息理解产品，但大量与视频关联较弱的硬性广告植入，终究还是会影响受众的观看体验，持续高频率地投放硬性广告会激发受众的超限效应，无法达成品牌沟通的效果，用户

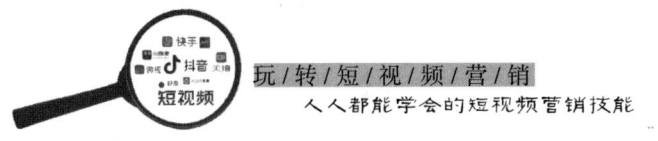

也只能到达对产品功能理解的层面上。短视频广告则兼顾了受众和广告主的双重需求，以内容的生产标准来制作广告，根据受众特点定位投放渠道。与此同时，内容制作方和平台在广告上开始寻求更加有效的流量变现方式。对于内容的分发平台而言，除了贴片广告，广告主开始青睐浮窗、自制剧冠名还有网络节目等投放方式。市场营销中对广告的目的有两种认识：一是提升品牌知名度，二是提高产品的销量。随着数字广告产业规模化的扩大以及广告机构专业代理能力的增强，投资回报率成为广告行业不可轻视的指标，将广告的衡量标准与销售目标结合作为双项指标，已经成为移动广告市场的趋势。兼顾内容质量的同时着重传递品牌理念，让视频内容代替广告主的角色和用户互动，以消费者的体验作为流量转化效果的评判依据。正是基于技术的迭代和营销策略对消费者心理的洞察，广告主和内容方共同寻求流量优质变现。

（3）互联网平台的区隔性所致。移动互联网时代，信息的传播开始倚重社交分享网络。互联网产品的特性为原生广告的培育奠定了适宜的土壤环境。移动互联网普及以前，广告主和广告商在广告的投放上只会考虑平台的特性，如虽然电视广告和广播广告的投放渠道不同，但是各个频道的电视广告和各个频率的广播广告出现的形式必然是相同的。然而，互联网的出现革新了产品推广的思维方式。传统的互联网广告在投放时容易产生的一个误区是对各大渠道平台不加区分地执行生产和投放策略。一支同样的视频广告可以投放在优酷视频上，也可以投放在新浪门户网站上。如果不同平台受众的特征是类似的，定制广告的意义就不大，因为平台的区隔性较弱。如果不同平台受众的特征差距较大，平台之间的区隔性就很强，此时在不同平台上投放同一支广告并不能取得理想的综合效果。比如在哔哩哔哩上投放广告，内容的设计必须考虑二次元用户和年轻群体的特性。酒类和家用电器类的广告需要酌情投放。短视频广告的出现,也可以说是广告商主动适应平台区隔性的产物。广告主为了在短视频上取得更好的投放效果,在与广告商制定营销策略的时候往往会根据平台的内容风格和用户个性来筛选投放。消费者对互联网中的数字广告,拥有比广告商在后期评估广告投放效果时更直接的反馈。正如奥美广告的肯特·沃泰姆所认为的,未来的数字广告将不会扮演传统媒体时代中设置议程的角色,而是会扮演衬托内容的角色。短视频广告的兴起显然正在印证这一观点。用户对植入的广告越来越敏感,对停留在宣传产品功能层面上的广告越来越排斥,他们对视频的暂停、返回、快进等操作,直接体现了对广告的态度。当最终的数据呈现在广告商后台的系统上时,势必会倒逼广告商选择将广告融入内容的信息流中。许多广告主在不同平台上开通了官方账号,并发布不同的内容,并最大限度地顾及用户体验。

2. 短视频广告的基本特点

短视频广告,通常有隐藏于信息流、形式和内容新颖等特点。

(1)传播效果好。短视频广告的传播范围相对较广,不受时间、空间的限制。因此,投放的平台会在较大程度上影响传播效果。一般用播放量来评价效果。如果投放在智能设备的日常 App 上,将会得到很好的宣传效果。

(2)形式新颖。短视频广告通过讲述"内含乾坤"故事,以低调的姿态来打动消费者。实现这一目的仅仅具备说故事的能力是不够的,要把故事说得动听、有新意。传统视频的贴片广告在时长上一般从 15~30 秒不等,广告商在投放时会根据平台的特点将其嵌入在媒体的语境中。贴片广告多数因为强制用户观看并且与视频内容几乎无关,所以在实际应用中收获的曝光率与到达率并不成正比。除了一些平台推出的会员免广告权益,这类广告一般是强制消费者观看的。大多数贴片广告都可以

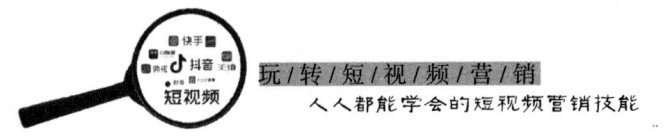

在观看数秒后点击跳过。创作这类广告也有一定的要求，必须在开头就能吸引用户的注意力。以电商平台手机淘宝（简称"手淘"）为例，宏观上的短视频广告是将品牌的营销过程嵌入社交平台的信息传播中。随着用户浏览手淘首页至每日好店推荐板块，餐食类原生广告短视频便会开始自动播放。微观上的短视频广告是将品牌的营销嵌入视频的场景中。如用户点击手淘首页的推荐进入细分板块，随着视频的播放，当场景中出现广告商品时，就会跳出商品的标签栏，用户点击就可以进入购买页面。这一效果的实现是通过在视频的关键帧位置加上热点区域，当播放进度到达这一帧的时候，热点区域会悬浮在视频上。用户点击热点区域便能跳转到商品购买页上。

（3）内容新颖。诺贝尔经济学奖获得者科斯的"思想市场"认为，广告如果将商业化的产品特征抹去，并在一定程度上满足消费者的情感诉求，就和媒体上的信息一样属于观点的表述，应该受到宪法的保护。具有创意的原生广告，正是理想的思想市场的一部分。移动互联网广告的投入产出比的测量标准有三个因素：曝光、参与度以及到达。其中，参与度是最重要的因素，起着衔接曝光和到达的作用。提高用户的参与度，短视频除了要在形式上标新立异，更要在内容的创意上做足功夫。美拍的网红"喵大仙带你停药带你菲"以青春故事为题材，讲述丑女利用卡卡贷成功逆袭的故事，这则为卡卡贷定制的短视频广告获得了不俗的播放量。Papi酱以如果未来的飞机像现在的汽车一样普及为创意，为航班管家定制的短视频广告在秒拍也获得了不错的播放量。短视频广告可以说是图文时代的信息流广告在视频时代的升级，由于制作精良，所呈现的品牌信息更加生动形象，与平台的融合也更为紧密。并且依靠电商平台上的算法进行推送，能够让用户看到需要的、制作精美的视频，并实现广告的有效投放。

（4）长度较短，传播速度更快，易理解。短视频广告的长度相对而言比较短，内容制作周期较短，信息承载量却比较大，它可以将其大量且形式多元的营销信息集中在一个较短的视频之中。通常，短视频的播放量会超越其粉丝量，一些比较优质的短视频甚至可以出现病毒式的传播，吸引更多的人点击浏览。

（5）商家和消费者拥有更强的互动性。短视频广告增强了开放性，增强了营销活力，用户可以收藏、转发、评论、下载等。这种互动性，促进了商家和消费者之间信息的双向传递。

（6）形式多样化。短视频广告呈现的内容各式各样，其内容适合不同年龄层的观众观看，儿童倾向于动漫类型，青少年倾向于综艺、影视剧类型，中老年人倾向于健康养生类型。不同年龄阶段的观众可以享受不同的视觉体验，这也加速了不同类型的短视频广告形成，丰富了短视频广告市场。

3. 短视频广告的类型

短视频广告的类型可分为意图原生和表现原生两种。

（1）意图原生。短视频广告的另一个类型是意图原生。其中的内容营销就是意图原生的一个案例，与形式原生不同的是，意图原生的广告不仅关联广告的展示形式，更关联了用户消费的内容和所处的场景。意图原生的广告在内容的设计上通常按照广告主的需求来进行，在推广上也更加人性化。除了媒体的分成通过用户点击广告所产生的销售额来获取，意图原生的广告在链接的安排和表现形式上，也都是按照媒体的意愿来设置的。这种新型的广告模式兴起于强调体验的互联网时代，除了广告主和广告商，也需要媒体来提供广告需求。甚至在一些时候，媒体的需求被作为筛选广告的主要标准。如果进一步比较形式原生广告和内容原生广告，不难发觉后者的效果要好于前者。根本原因就在于内容原

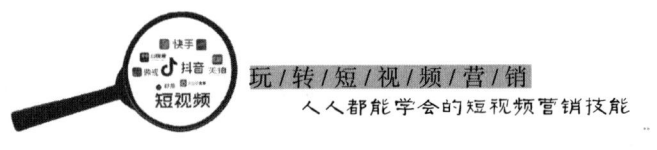

生的广告在传播策划上，是按照内容的标准来设计和制作的，换句话说，意图原生的广告是以内容来对标广告。

（2）表现原生。表现原生即广告展示的样式与内容保持一致，典型的就是信息流广告。信息流广告依据用户的兴趣来投放，可有效降低用户获取媒介信息时受到的广告干扰。依托大数据，信息流广告可精准直达目标客户。与传统广告相比，信息流广告不仅降低了用户看广告的门槛，而且在提升用户对广告的关注程度以及促使用户主动接受和分享广告的效果上也颇有成效，深究其"魔力"，在于潜在地帮助用户关注广告信息，这对于提升广告的转化效果是有益的。许多原生广告为了与内容的表现相符合，投放媒体在设计和展现广告之初就参与进来。与其他广告不同的是，表现原生的广告需要媒介来掌控展示方式。以微信朋友圈信息流广告为例，展示方式与朋友圈其他内容极其类似，用户可在广告下方评论和点赞。从信息流广告这类表现原生的广告中可知，原生广告的核心理念是保持内容与广告在媒体展示形式上的一致。

二、短视频广告的传播策略

短视频已经成为当下广告传播的重要载体和方式之一，因此在大数据时代，要根据短视频的特点和功能，解决短视频广告传播过程中出现的问题，采取以下传播策略，更好地进行广告内容传播。

1. 优化广告内容

广告传播最终的目标是人，因此在短视频广告的内容制作上要紧扣受众的喜好和需求，避免不合时宜的硬广告和粗制滥造的视频内容，以免引起受众反感。在广告内容制作上应当遵循有趣、有用的原则促进受众转发。同时在制作短视频时不妨借助当下先进的技术，如AI、VR（虚拟现实）等，增强用户的体验，提升用户对品牌的好感度，从而促成流量变现。

手机移动端的信息传播、社交互动迅速改变着人们传统的认知模式，人们从每天只需要单向处理为数不多的信息转变成需要在一天的零散时间内去接受消化大量的信息。因而，每个普通人每天接触广告信息的总量少则上百条，多则上千条，而那些真正能够在极短时间内让人们记住并且留下深刻印象的广告，必然是能够突破传统广告形式的桎梏，将内容与形式的创意创新做到极致的。短视频以其短时碎片的传达特征高度契合了人们的生活认知方式，各类短视频广告的投放平台承袭相关理念，借助平台技术、大数据算法将信息盛宴层层筛选送达消费者的"餐桌"。抖音最初15秒的视频时长限制，就不断倒逼视频生产者优化内容、更为有效地传达信息。

2. 加大监管，规范内容

虚假广告的泛滥伤害了消费者的切实利益，同时让受众对短视频广告的信任度大幅降低。因此要在大数据时代之下做好短视频广告传播，提高受众的信任度，就必须加大短视频内容传播的监管力度，对于虚假广告制定严格的处罚规则，同时可以呼吁受众参与到短视频广告的监督中来。对于虚假广告一经发现必须严惩。同时还要设立审核机制，对于在内容上打黄赌毒"擦边球"的视频内容进行屏蔽，肃清短视频平台的风气，让受众看到内容精良、积极向上的短视频广告。

3. 精准定位用户

李彬在《传播学引论》一书中提出：在传播中受众是主角，他使用媒介以满足自己的特定需要，正像人们使用自助餐厅以满足自己的口腹之欲。我们不难明白，信息不能强行加诸受众，就像不能把饭菜硬塞进人的嘴里一样，受众使用媒介主要是基于自己的需求，年轻化就是大众的需求。抖音短视频广告主要针对一、二线城市的"90后"受众，用户

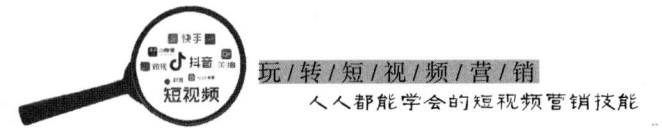

的收入和学历的整体水平高于快手。抖音的配乐以电音、舞曲为主，节奏感强，视频分为舞蹈派和创意派，界面设计简洁且操作容易，通过编辑视频、添加特效和美颜，让短视频呈现或鬼畜或炫酷或可爱的不同风格，迎合了"90后"和"00后"等年轻人爱玩、爱美且渴望获得认同的个性化表达需求。

在大数据时代，各大短视频平台应当积极提高自身大数据技术水平，通过大数据算法记录并分析用户的偏好，建立大数据算法推荐模型，提高短视频广告推荐的精准度。同时可以同步运营短视频广告社群，在大数据的支持之下，将偏好和需求相同的受众集中在同一社群当中进行精准服务。这样不但能够提升受众感受，同时能够提升短视频流量转化率，达到品牌大范围扩散的目的。而这一切的前提是要利用好大数据，提升数据分析技术水平，对用户的购物行为进行细化分析，在此基础上做进一步的精准定位，这是时代的需求，也是未来广告发展的主要方向之一，是决定短视频广告流量转化率的重要因素，应当引起足够的重视。新媒体时代，短视频广告的创作模式真正做到了对目标受众的精准化推送。细分、定位目标人群，一方面相对减少了传统广告中存在的广告费用严重浪费的现象；另一方面广告信息实时传达，不断刺激目标受众的购买欲，最终实现广告的高转化率。"一条"视频的微信公众号就以原创短视频的方式传送给订阅者，其目标受众在一定程度上重视生活质量，追求精而美的生活方式。"一条"创作团队在短视频的拍摄剪辑方面充分迎合和满足目标受众的消费心理。人物内心独白的娓娓道来、精神物欲的虚实转换、空镜取景的禅意渲染，这些都是团队充分挖掘目标受众内心渴望的专业化表达。同时，会随每条短视频附上"一条"商城的相关产品的链接，直接引导了受众的购买欲望。抖音在精准定位人群方面借助大数据算法的优势更为明显。抖音针对用户的浏览习惯和观看习惯进行相应的推送，精确推送广告信息。不同用户的兴奋点在其不经意停留于画面的瞬间被算法悄然收集，短视频广告的创作者充分利用这些兴奋点进行创作，对用户抵抗和戒备广告的心理进行精准打击，实时推送却不招人厌恶。

短视频广告作为商业广告的一种，因为社交属性，使每条短视频广告的广告主能够获得与目标受众及时沟通、实时互动的权利。通过不断的双向对话，广告主、视频创作者不仅能够及时了解自身产品服务的不足，而且逐渐对目标受众的好恶有更明确的认识。网络直播销售更是弥补了传统电视购物单向传播的缺陷，受众可以采用评论、发弹幕的形式与主播互动。短视频平台连接受众与广告主，大大降低了沟通成本。

三、短视频广告的营销实践

1. 短视频广告的营销模式

（1）开通短视频账号，广告、销售一体化。企业、品牌会在不同的短视频软件中开通自己的短视频账号，自己制作投放广告。根据自身的营销目的，进行有针对性的拍摄制作，通过短视频传播来树立自己的品牌形象，推广自身产品。为了方便消费者购买和进行深入的了解，品牌方一般会在视频下方或其他位置加入相应的购买链接，这样消费者就能快速方便地购买产品，增加产品的购买量，实现广告与销售一体化。由于企业或品牌方的综合实力较强，所以此类短视频广告往往制作精良、营销有序，但由于目的明显、内容单一，所以难以积蓄大量受众，广告营销效果难以凸显。

（2）依靠个性化推荐算法分发短视频广告，实现精准触达。个性化推荐算法是指短视频发布平台可以通过收集、分析用户的搜索历史、评

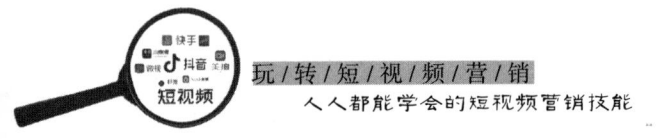

论、浏览痕迹等数据，了解用户的个人偏好，将符合用户偏好的视频内容分发给用户，增加视频出现频次，从而实现传播内容的精准触达。基于个性化推荐算法的短视频广告分发，可以帮助企业、品牌定位更多互相契合的受众，实现广告信息的精准触达，同时通过兴趣圈层实现二次传播，扩大品牌影响。但是，长期的同类信息推送会使受众产生厌倦感，并且竞品信息的同时出现也会混淆受众认知，降低短视频广告的营销效果。

（3）利用个人账号推广，发展粉丝经济，达成最佳营销效果。在短视频平台上长期活跃着一部分个人账号，他们通过个人经营成为网红达人，拥有众多的粉丝，他们往往能够引导粉丝的消费行为，成为品牌营销的助推器。企业、品牌方通过视频口播、贴片广告、信息流广告、软文推送、直播卖货等方式，借用网红达人在粉丝中的影响力发展粉丝经济，提升产品知名度和市场销量。同时，由于每一个网红都能聚合一个能量磁场，将拥有"共同标签"的人集合在一起，他们有着共同的兴趣爱好，方便企业品牌营销内容的定制化，能够快速提升品牌认知度和信任度，达成最佳营销效果。但是，由于不同网红的素质与带货能力参差不齐，网红通过"买粉丝"来佐证自身影响力的现象也时有出现，所以对企业、品牌方来说，此类广告营销方式具有不可控性。

2. 短视频广告的营销价值

（1）创作成本低，能有效降低广告营销成本。短视频具有轻量化、碎片化的特点，拍摄和剪辑比较简单，也没有特别复杂的流程，常常采用"视频+图片""录屏+解说""人物出镜讲解"等形式，一般对摄制技术和硬件设备没有过高要求，既能控制成本又能达到较好的广告营销效果。

（2）短视频用户数量激增，流量巨大，扩大了广告营销覆盖面。对于任何一个品牌而言，平台用户量的多与少是决定他们是否在该平台上投放广告营销的第一要素，也是他们判断这个平台是否具备广告营销价值的第一衡量标准。2019年8月中国互联网络信息中心发布的第44次《中国互联网络发展状况统计报告》显示：截至2019年6月，我国短视频用户规模为6.48亿人，占网民整体的75.8%。如此巨大的用户数量，必然给广告营销带来巨大的流量价值，扩大广告营销覆盖面。

（3）人工智能助推构建UGC+意见领袖短视频内容生态，更能满足广告营销的多样化需求。随着人工智能技术在短视频中应用的不断深化，大量的UGC+意见领袖短视频内容构建起完整的短视频内容生态，信息承载量大，形式丰富，增强了用户体验。短视频内容生态的不断完善，不仅可以帮助广告营销实现全人群覆盖、立体式表达、多元化展现，而且为其提供了丰富的载体，满足了广告营销的多样需求，从而帮助品牌实现对其受众潜移默化的印象巩固。

（4）短视频平台的用户与品牌营销对象高度重合，能够进一步提高广告营销影响力。当前"90后""95后"已经成为消费市场的主力军，成为品牌营销的主要诉求对象。《2019短视频营销白皮书》数据显示，短视频用户主要集中在18~35岁。品牌营销诉求对象与短视频用户的高度重合，便于品牌方制作定制化视频内容，提高广告营销影响力。

3.短视频广告营销的局限性

（1）短视频广告营销缺少整合理念，投放分散，难以形成聚合力量。整合营销不是一个新事物，在广告营销中已经成为约定俗成的理念。然而这一理念在短视频广告营销中被忽略了。无论是广告植入、原生视频推送还是直播带货，短视频广告营销的关注点在于通过用户生成内容的优势进行营销推广。然而，由于短视频用户各异性、分散性的特征，很难使广告营销形成聚合力量。

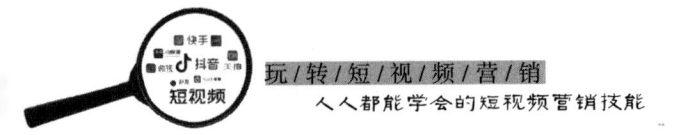

（2）短视频广告营销行为多以品牌展露、产品推广为主要营销方式，品牌黏度不高。品牌商在利用短视频平台进行广告营销时，往往过于急功近利，显示出明显的营销动机，在短视频内容表现上常基于产品卖点设计广告片，以简单的品牌展露和硬性的产品推广为主要营销形式，忽略了品牌与受众的情感互动。

（3）缺乏完善的监管机制，难以把控短视频中的广告营销行为，容易出现反效果。因为进入门槛低，所以短视频平台充斥着大量素质和技能参差不齐的用户。在利益的驱使下，许多用户会尝试短视频广告营销行为，使得大量具有广告营销性质的短视频流入市场。由于缺少系统的监管机制，这些广告营销短视频常常会有严重的质量问题、不良言语问题，甚至涉及社会道德、基本法制的社会性问题。这些不经把控的短视频广告会引发受众的排斥和厌恶，受众体验差，甚至还会长远影响营销大局。

4. 短视频广告营销策略

（1）做好故事创建。注重情感沟通，增强内容营销。在消费者逐渐拥有对信息的自主选择权、注意力竞争激烈的今天，内容依旧是营销制胜的法宝。主动创造内容吸引消费者关注，以内容营销形式博得受众关注，仍然是短视频营销的主要趋势。如何利用短视频平台做好内容营销？一是以富有戏剧化的优质内容为受众提供乐趣和话题，激发受众的参与热情，实现营销目的。所谓戏剧化就是故事性。在短视频营销内容挖掘中应当结合品牌调性寻求其与生俱来的故事性，创建较好的视频内容，用说故事去获取有价值的注意力，实现受众自发参与、自发分享，扩大营销影响。二是以情感为媒，用有情感的内容来滋养受众，在优质内容中开展与受众的情感沟通，激发情感共鸣，提升受众对品牌的信任感和认同感。在短视频广告营销中融入更多可以激发受众情感的元素，在情感的刺激下，实现营销效果最大化，从而提升受众对品牌的黏性。

（2）适应短视频受众的心理。探索短视频营销技巧，精确掌握受众心理，做到投其所好是广告营销的首要法门，也是实现效果的关键。短视频本身是在受众需求的驱使下诞生的，只有不断适应和满足受众需求，才能保证短视频的长久健康发展。因此，短视频广告营销必须以适应受众需要为前提，努力探寻营销技巧。例如，我们应该根据短视频受众的兴趣和爱好来创新我们的视频内容，在内容上要主打娱乐调性，以青春、炫酷和幽默为特色，以互动性强、内容新颖的广告营销来加深受众对企业品牌的认知。又如，为了贴合受众的需求，可以根据受众使用短视频的时间及场景，选择高峰时段投放短视频广告或开展线上营销活动。

（3）运用整合营销思维。打造营销传播矩阵，进行整合营销传播是一种有效的营销工具，它以消费者为核心，将品牌能运用的营销传播手段协调统一起来，以一致的信息和形象向消费者传播，利用聚合力量，形成最大化品牌效应。在短视频发展如此之快的情况下，利用整合营销思维，打造营销传播矩阵是实现短视频营销效果最大化的一大出路。具体有以下几点做法：首先，建立跨平台连接，形成多平台联动，最大限度提升营销影响力。所谓"跨平台"不仅是短视频平台之间的联动，还应该包括与其他新媒体平台之间的连接，实现各平台资源的聚集，弥补各平台传播的不足，达成广告营销信息的全面覆盖。其次，促成短视频用户之间的深层联动，以"流量大咖示范＋圈层达人渗透＋普通用户扩散"的模式持续获取流量，形成层级传播，增强短视频营销影响力。最后，实现线上线下无缝融合，整合内容资源和盈利渠道，让品牌传播的效果得以进一步提升。在线上传播期间，提供丰富的线下营销活动，将

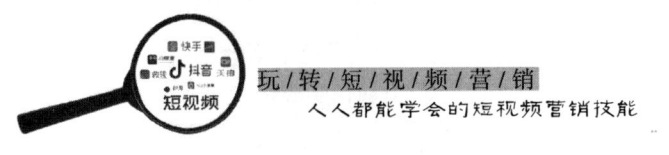

线上的广告传播，落实到线下的营销推广，使营销效果最大化。

四、短视频广告的风险与监管

1. 短视频广告的风险

（1）广告表现形式缺乏创新。创意是制作成广告的核心要素之一，也是传播领域的稀缺资源。多数用户采用的广告植入手段，从台词植入、道具植入，到情节植入，再到形象植入等，无外乎对传统电影植入方式的照抄照搬。与此同时，广告植入设计大多是缺乏逻辑与审美的生搬硬套，并无明显的技巧与创新。各种植入手段彼此割裂存在，缺乏排列组合、互动关联。广告贴片单纯追求强烈的感官刺激，口播台词的痕迹过于生硬尴尬，道具与故事情节的关系牵强附会。即使在评论区的转发互动环节，也缺乏对粉丝的深度运营，更多流于"为了转发而转发"的形式主义。缺乏创新的广告表现形式不仅无法达到理想的传播效果，更从结构上破坏了短视频的整体性，导致受众产生审美疲劳。

（2）广告过度植入使受众产生不良的观感体验。广告植入作为短视频营销的一种隐性手段，传播优势在于隐蔽性的软植入。网上的问卷调查结果显示，部分广告植入过于直白，影响了受众观赏视频的兴致。如果短视频中的广告元素超过受众所能接受的最大限度，受众就会将含有广告植入的内容直接视为短视频广告从而直接跳过，广告植入的优势也就无从体现了。而在系列短视频中，如果含有广告植入的作品过多，受众就难以找出含有自己所需内容的视频。部分短视频平台出于对经济利益的考量，在面向受众的内容瀑布流中插入广告，使浏览者平均每刷几条短视频就会被迫接受广告信息。对于在快手、B站等含有预览封面的短视频平台中出现的广告，用户可以通过直接忽略或手动关闭的方式直击自己需要的内容。但高频次的中插广告对抖音、微博等以上下滑动为切换方式的平台造成的伤害是显而易见的，会导致用户的使用节奏与瀑布流中信息呈现的节奏被打乱。

（3）短视频内容质量参差不齐。随着审美能力的提高，大众对内容生产者提出了更高的要求，与短视频形成深度融合的植入需要高质量的内容作为依托。创作者想要从竞争激烈的浪潮中完成粉丝积累、获得资本青睐，就必须在内容生产方面下足功夫。例如曾经活跃于 B 站的"狂人实验室"，通过推出"童年回忆"系列测评视频收获如潮好评。运营初期既没有通过煽情与炒作进行恶俗的营销，也没有强行玩弄情怀，而是通过深耕内容创作，以知识性与趣味性的结合维持用户黏性。然而在流量变现成功，获得资金反哺创作后，其内容生产陷入了同质化的怪圈，缺乏创新与突破，每期鲜度不足，造成审美疲劳，最终在短视频的浪潮中销声匿迹，惨淡收场。虽然网络是信息交流的自由平台，但用户在浏览味同嚼蜡的内容后会产生强烈的负面情绪。低质量短视频内容空泛无物，却占据了瀑布流的醒目位置，浪费媒介资源，极大地稀释有效内容，阻碍甚至阻止用户获取真正需要的资讯。虽然短视频平台通过"刷数据"等手段可以营造虚假繁荣的景象，但这种行为导致互联网内容的荒芜，使平台失去用户的尊重。在此基础上，后续的短视频营销策略以及配套的广告植入手段就将失去开展的前提条件。

（4）定价模式与效果评估体系缺失。新媒体技术对广大受众群体进行了技术上的赋权，智能终端的普及降低了短视频制作的门槛，短视频营销成为新的盈利手段。部分短视频用户文化水平有限，缺乏对自我的定位分析能力，短视频平台也缺乏成熟的定价模式。短视频的爆红往往具有不可预知性，用户会在未能进行前期统筹等准备工作的情况下迎来商业合作。由于准备不足，未能掌握相关商业常识，往往以"临时抱佛脚"的心态与"伸手党"的姿态，借助外部机构寻求全案报价，无形中

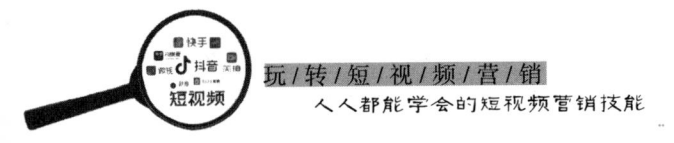

增加了运营成本，对中小型视频团队尤为不利。如果视频内容创作者对自身影响力以及自身 IP 个性判断不足，缺乏科学理性的分析，在未做好用户市场分析时就匆忙与商家签订合作协议，不仅会导致前期启动资金不足，也无从获得理想的长期经济收益。

（5）行业规范与行业自律不完善。短视频在发展过程中传播乱象频发，对短视频受众、短视频平台与全社会风气均造成了不良影响，不利于从业者对行业良好形象的构建与维护。部分短视频平台对广告植入的尺度控制存在不足，定位标准缺失，无法通过广告占视频内容的比重来定义短视频的性质。规范标准的缺失不仅不利于平台视频内容的分发与有效推广传播策略的制定，也使披着短视频外衣的违规广告有机可乘。相较于传统媒体而言，短视频领域准入门槛较低，在鼓励多元文化共存的同时吸引了众多媒介素养不足的内容生产者入局，媒介素养缺失导致了行业自律的缺失。部分短视频用户法律意识淡薄，为了追求经济效益而无视社会影响与法律法规，在与品牌方进行商业合作的同时，未能认真审核产品信息，造成视频中植入的产品质量参差不齐。夸大宣传、"挂羊头卖狗肉"，出售假冒伪劣产品等违法行为时有发生。

2. 短视频广告的监管难题

商业广告都是以经济利益为核心取向的。短视频广告在紧跟传播技术发展和传播环境变化的轨道上，出现了短视频原生广告、短视频植入式广告和短视频加贴片广告等多种形式。短视频原生广告，通常是在单独的平台中进行付费投放的短视频广告。这种广告常见于社交信息流、新闻媒体、垂直应用、原生广告平台。短视频植入式广告，通常不依附于视频而存在，常见于视频网站、视频 App、新闻资讯类媒体的信息流中，典型的如视频网站上播放电视剧中的小剧场广告。短视频贴片广告，主要是在网络视频、电视视频、直播视频播放前、播放暂停或者播放完后插播的图片、视频等。独有的特征和表现形式，在多方面满足市场和用户多维度需求的同时，也带来诸多利益驱动下的监管难题。

首先，准入门槛低导致不规范广告盛行。以移动互联网为主要传播平台的短视频广告，低门槛和低成本是其突出特征。也正是这一特征给利益驱动下的违法者提供了可乘之机。涉黄、涉暴、诱导性明显，甚至含有国家明令禁止的商品信息在快手、抖音等平台上并不鲜见。同时，也正是因为准入门槛低，所以网民（尤其是未成年网民）的权益也得不到有效保障。但如何定性短视频广告中的不法内容，并在此基础上评估其危害，并不容易在操作上实现。

其次，监管技术的有限性导致追责难以实现。技术手段的不断更新，使短视频广告的发布方式不仅动态多样，且常与短视频融合存在。这也就导致即便从源头上审查短视频，也难以完全剔除短视频广告。更何况，平台对短视频广告的审查更多只能依赖技术而不可能是人工，这也就打开了短视频广告逃避审查的方便之门。加之广告发布者并不受时空限制，使得即便锁定了违法者，属地管理原则也会导致主管部门很难对责任人依法追责。所以，常见的追责就是监管部门对违法广告的发布者和制作者进行一定的惩戒，对广告内容进行删除下架。受罚者可以通过新注册账号、更换 IP 地址等方式再次发布违法广告。

近年来，在《中华人民共和国广告法》《互联网视听节目服务管理规定》《互联网视听节目服务业务分类目录（试行）》等法律法规组成的框架下，网络广告的监管逐步加大有序，但其实际效用仍然有限。如《中华人民共和国广告法》有针对广告主和广告经营者的监管条例，也有针对医疗器械、保健食品等的监管，但并未预见对短视频广告违法行为的监管。而《互联网视听节目服务管理规定》和《互联网视听节目服务业务分类目录（试行）》中提到的对短视频内容和平台方的制约并不

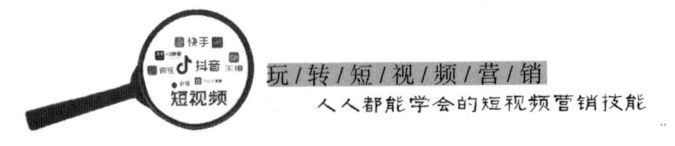

具有法律强制力。面对短视频和短视频广告井喷式的发展，如何有效监管似乎正在成为一个现实难题。

最后，行业自律缺失导致监管主体的多元化难以实现。从行业维度说，涉嫌违法的短视频广告频频出现，与平台和行业在监管及自律上的消极有关。因为国家工商行政管理部门对该领域的监管主要是在遵循"举报—回应"原则的基础上依据相关法律履职，而无论是举报还是回应也都与平台和行业有关。平台方如因利益或其他原因而消极应对，监管就难以发挥其应有功能。当前，短视频及短视频广告已成为产业的重要构成部分，如何厘清短视频广告监管之相关问题，并在此基础上提出行之有效的监管策略，其意义也就不言而喻了。

3. 短视频广告的监管路径

在《中华人民共和国广告法》和《互联网视听节目服务管理规定》的框架下，各级职能部门针对短视频广告存在的违法现象做了大量工作，也采取了约谈、整改、下架、永久关闭等措施，但短视频广告在内容和形式上的失范现象仍然层出不穷。这也就意味着，该领域的监管因涉及互联网技术，涉及广告乃至文化产业及相关的社会文化风尚，涉及传播者和接收者的信息权利而有相当的复杂性和艰巨性，也因关系到技术、平台和行业的健康发展而有相当的紧迫性。该领域的监管尤其需要在来自法律的他律、来自行业和平台的自律以及来自各主体协同一致的互律上综合发力。

（1）不断完善以平台和行业为核心主体的自律。在短视频广告这个领域，平台和行业自身的监管极为重要。一方面，短视频广告主要依托短视频平台和App应用进行发布。只有不断强化自律，企业和服务商才可能主动采取监管手段，对短视频内容进行严格审查和筛选，将违法违规的短视频广告"卡"在发布关；另一方面，只有平台和行业自律达到一定高度，短视频广告的制作者和发布者才可能自觉遵守该领域的相关法律法规，而源头治理也因此才有做实的基础。

（2）不断完善以法律法规为根本准则的他律。《中华人民共和国广告法》及相关配套性法律法规，对短视频广告的监管具有鲜明的时代性特征，这既是法律法规规范社会现实的必要体现，也是其在规范现实上的短板。尤其是类似短视频广告这种因发展而有不少变数的领域，其短板较之其他领域似乎更容易凸显。如《中华人民共和国广告法》第六条第二款规定："县级以上地方市场监督管理部门主管本行政区域的广告监督管理工作，县级以上地方人民政府有关部门在各自的职责范围内负责广告管理相关工作。"但就现实来看，县级以上地方市场监督管理部门在区域监管上面临技术、渠道、人员等诸多困局，而且这些困局还在随短视频广告的发展而不断升级。这也意味着，只有不断强化并完善法律条文在落实层面上的系统性，才能真正实现其作为社会行为准则的规范性。就现行《中华人民共和国广告法》而言，不断健全执法层面上的配套性规范尤为重要。如应进一步完善各级市场监督管理部门在对违法广告进行查处时，媒体监管的一些原则，便于形成层层有法治保障、处处有法可依的他律局面。同时，要细化对作为违法主体的广告主和责任人民事责任的追究。更为关键的是，需结合典型案例不断完善短视频广告领域违法行为的识别和判定细则，以逐步减少和弱化识别及判定环节的随意性。

（3）建立系统的监督管理机制，营造健康安全的营销环境。短视频的监管问题关系到平台未来的发展。拥有完善的监管制度，才能提升短视频平台的公信力、传播力、引导力和影响力，使其在品牌营销推广中更具优势。短视频领域的监管机制应该从三个层面建立：首先是政府层面的制度监管及行政监管。政府应该细化法律规章和制度，为处罚违法

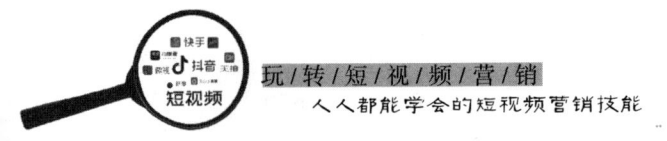

违规的短视频营销行为提供依据，做到有法可依。同时，政府应当明确行政监管部门的职责，充分发挥行政监管部门的职能，确保行政主管部门要依法加强对短视频行业的有效监管。其次是短视频平台的自我监管。短视频平台要加强自查自纠，加强账号管理，升级审核标准，从用户的资质审核流程、内容审核流程、违规处罚制度等方面进行全流程管理。尤其要加强对短视频广告的审核，保证短视频广告的质量，保证短视频广告内容的合法性和真实性，为短视频平台创造一个健康的营销环境。最后是短视频用户的自律和相互监督。营造健康安全的短视频营销环境需要依靠广大短视频用户的力量，加强自身行为管理，提升媒介素养和内容创作能力。与此同时，应建立相关激励机制，鼓励短视频平台用户积极举报违法违规行为，相互监督，共同维护短视频平台的营销环境以及短视频平台上广告营销活动的正常秩序。

（4）以作为广告接收者的网民和相关社会组织为主体的互律。从监管所依的权力来源上说，网民和社会组织对短视频广告的监管是舆论监管。互律很大程度上是因为只有此类主体才能既监督执法者、平台和行业的行为是否依法依规，也监督相关主体之间的利益秩序——各主体是否在相互协调的体系下形成了该领域的法律共同体。不过，因为舆论监管不具有强制性，所以就需要网民运用正确的监管手段，利用舆论力量监督该领域的运行。这种正确的监管手段，也包括网络技术手段。从社会组织监管的维度看，各级广告协会是当然的重要主体。作为广告监管中的重要社会组织，其主要职能是在各级市场监督管理部门的领导下，担负指导、协调、服务、监督广告业的基本职能。所以，利用各级广告协会对短视频广告进行社会监管，有利于从广告经营者、广告主等主体入手，与有关部门形成多元主体齐抓共管的治理合力。

第七章　短视频上的品牌营销

一、改变品牌发展的路径

1. 短视频上的品牌营销特点

（1）高效的传播。传统的长视频在生产制作过程中需要较高的技术水平，在传输过程中也受到了一定的限制。传统视频的时长大多较长，一般需要在计算机设备上进行编辑和上传视频，这将花费内容生产者的大量的时间，一定程度上降低了视频传输的效率。大多数短视频时长较短。也正因为视频的时长短，视频生产者努力减去不必要的铺垫和冗长无用的内容，尽力浓缩内容精华，在短时间内呈现出更加丰富有趣的信息，用户也能在短时间内获知更多有效的信息。作为社交媒体，短视频不仅改变了人们彼此之间的交流方式，而且在基本属性、技术层面、共享方式上改变了媒体传播和营销的方式，展现出了巨大的商业价值。在强大的用户基数和先天的病毒式传播及口碑营销优势的助力下，大量的社会化媒体已经开启了市场。作为一种蓬勃发展的社会化媒体，短视频呈现良好的发展形势，拥有巨大的营销价值，对于品牌的营销和传播来说，具有强大的战略意义。

（2）多方位刺激受众感官。短视频广告相比其他形式的广告更加直观，与传统的电视媒体广告相比，短视频广告不会受到时间、空间等条件的限制，还可以充分展示产品自身的各种优势和有趣的内容。同时，短视频广告的突出之处在于拥有更加直观的表达，能让受众在短时间内对产品有较全面的了解。另外，短视频广告还是一种具有话题性、娱乐性的内容营销方式，它不仅能够改变用户之间的沟通方式，也更新了品牌营销与品牌传播的方式，巧妙地拉近了品牌与消费者之间的距离，增进了品牌与消费者之间的交流，从而实现宣传品牌的目的。随着互联网的发展和普及，越来越多的产品实现电商化，线上销售也融入我们的生活中。电商的普及让消费者的购物过程更加简单了，节省了购物时间并丰富了购物选择，消费者可以通过商家提供的短视频或其他买家提供的反馈视频了解有关产品的更多信息，对于提升用户的品牌认知起着非常重要的作用。

（3）病毒式裂变传播。短视频应用自诞生以来就在中国快速发展。短视频已经逐渐成为人们日常生活中不可或缺的调剂品。特殊的传播渠道和方法使得短视频的内容以病毒传播的方式快速流行。短视频的传播模式不再是传统社交媒体原始的单向线性（One To One）传播，也不是官方网络媒体一对多（One To N）的扩散传播，而是呈现出一种一对多对多的裂变式（One To N To N）传播模式。此类传播模式宛如细胞裂变，呈现几何级数增长，传播效果和速度是远远优于其他传统媒介形式的。短视频平台都具备上传、发布、点赞以及转发等一系列社交功能。如某品牌短视频账号拥有三位粉丝A、B、C，在该品牌账号发布短视频时，三个粉丝能够观看到视频的信息内容，也就形成了传播的第一步One To N的传播过程。粉丝可在观看后，根据喜好自行选择是否点赞、评论、转发。当粉丝A、C认为该条视频具有价值转发后，A、C的粉丝便会看到这则视频，如此循环往复，品牌账号也会获得更多关注，视频的传播量也将呈现裂变式One To N To N的过程。品牌视频内容得到良性循环扩散，信息得到快速广泛的传播。

2. 短视频上品牌营销的价值

（1）传播品牌价值。社交时代，短视频拥有强大的品牌传播价值，品牌方利用社交网络进行品牌信息的传播和分享，短视频用户就会在潜移默化中受到影响，在用户流量增加之后，就能加速变现，形成良好的营销效果。另外，短视频平台为账号主提供流量，账号主为短视频平台提供内容，两者各取所需，加速平台和品牌账号的成长。品牌方通过自己的账号发布短视频广告，或是通过受众定位将产品植入网络达人的短视频内容中，较精准地将品牌内容传递给目标用户，也杜绝了传统广告形式所引起的反感效果。用有趣、新颖的方式提高目标用户的忠诚度，与用户建立良好的营销关系，同时树立优质的品牌形象。艾瑞通过调研发现：根据人类大脑的记忆习惯，对广告的记忆效果与视频长度成反比，也就是说，当所观看的广告时间越长，观众对其品牌产品的品牌记忆越差。在传统的实体商业中，消费者可以走进商店，通过实际的触摸、体验、操作等来了解产品的功能和质量，用自身的体会对产品进行评判。现在，富有趣味性和功能性的短视频，也能让用户和品牌进行互动，增强了用户对品牌的印象，起到品牌传播的作用。

美国短视频应用 Vine 在商业化的过程中十分注重短视频广告的作用，其广告产品形式主要包括趋势推广、账户推广、广告推广等。趋势推广指的是品牌方对热门话题的讨论位置进行购买，然后将广告投放至热门文章的顶端，让人能够一眼看到；账户推广则是指与热门 Twitter 账户沟通，进行付费要求账号植入广告推广；广告推广是指在搜索各类相关话题之后，在搜索结果的顶端和账号内投放广告。这些与平台和账号合作的品牌推广方式能够高效地传递品牌信息，同时快速提升品牌的知名度，也给短视频平台 Vine 带来了大量的收益。

从品牌营销的角度来看，短视频平台高效的信息传播方式不同于传

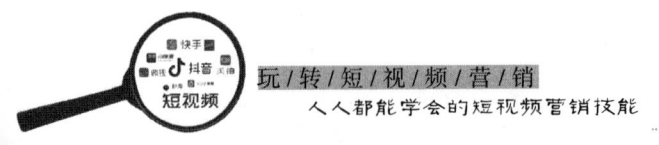

统媒体，它能够为品牌建立一个优秀的内容发布平台。在裂变的信息传播模式之下，品牌方所发布的信息内容有可能产生爆炸性的影响，如若将品牌信息与社会热点结合或者是转化为社会热点，将吸引更多消费者的注意力，由此提升品牌产品的影响力。例如，杜蕾斯在北京大水时期，化身"鞋套"宣传产品质量，让人眼前一亮，过目不忘。而杜蕾斯的微博官方账号也一直致力于各类热点事件和节日营销，将产品信息用创意的方式进行表达，激发大众兴趣。同时针对自身产品征集创意视频，让大众拥有参与感，直接激发其购买欲望。

（2）平台的数据——流量价值。"数据即资产"成为当前大数据时代最有意义的行业发展方向。随着信息产业的不断发展，产业兴起的决定要素已经不再局限于传统意义上的资本、人才、技术，更重要的是数据资产。平台的数据对广告投放的意义也越来越大。在营销范围内，网络上的消费者行为会不断丰富大数据，存储和管理这些数据拥有一定的难度，为了充分利用其中巨大的商业价值，可以借助大数据可视化技术。各个平台都有大量的用户，这些用户有些已经成了品牌的用户和粉丝，但大部分是潜在用户。实际上，品牌在短视频平台上所发布的视频数据是有迹可循的，这些数据也拥有巨大的营销价值。如何利用这些大数据，将数据转变成流量，让潜在用户变成忠实用户，是品牌方需要深思的问题。从品牌传播推广的角度分析，获取用户的生活习惯、兴趣爱好、个人观念、购买方式等信息对于品牌方来说是有一定难度的，但是随着云计算、大数据挖掘分析等先进技术的发展，品牌方能够通过短视频平台逐步实现对海量数据进行综合业务分析及用户行为分析，并构建用户画像，为用户提供个性化推荐服务，进而对品牌短视频广告进行内容分发，实现精细化流量运营，提升流量的边际价值。例如，短视频用户可以自由选择能够满足自己的兴趣和需求的关注对象，在获取这些数

第七章 短视频上的品牌营销

据以后，平台可以更精准地推送品牌信息，并从海量数据中发现潜在用户，更有针对性地进行品牌营销活动的策划和推广。此外，品牌方还可以根据平台内的数据进行舆论监控，及时做出回应。这些特征都是短视频媒体优于传统媒体，甚至是视频媒体的优势所在。传统的视频媒体，虽然能够从用户的喜好中得到一些结论，但仅仅依赖于人们对视频的观赏喜好，用于判断这些受众的偏好和消费能力却是不足的；但短视频媒体可以做得很好。从传统媒体的接收者到短视频内容的积极制作者，用户的视频拍摄与自己的基本生活相关，一定程度上也表达自身的喜好和意愿，极大地促进了品牌对目标用户的精准营销。品牌方可以利用分组的方式，为不同的目标用户发布不同的信息，专业地满足受众的各种需求。通过短视频平台，品牌方还可以实时倾听用户的声音，加强与用户的互动，搭建良好稳定的客户关系。

（3）用户的情感——体验价值。在现代营销观念的不断发展下，许多品牌非常看重与用户之间的情感交流，并通过产品的附加价值对用户起到导向作用，让用户拥有更好的体验。在短视频应用里，品牌和用户之间拥有更加对称的信息环境，也让品牌与用户之间的交流更加平等，信息不再是单向度的、居高临下的传播。交流的渠道也更为通畅，品牌可以直面用户，用户也可以直接对短视频进行评论，或者与其他用户进行产品的沟通。更利于品牌针对消费者的不同需求，量身定制服务，提升品牌附加值，提高用户忠诚度。短视频平台帮助品牌方实现营销价值的同时，也为自身赢得了知名度。当今社会，越来越多的品牌方在产品的营销推广过程中意识到了用户体验的重要性。对于品牌方而言，最重要的事情就是从关注自己的官方账号的粉丝中获取一定的营销价值。所以品牌要在自己的官方账号上树立良好的形象，注重内容的同时，要和粉丝进行良性互动，建立粉丝社群，提升用户对品牌的好感度和忠诚

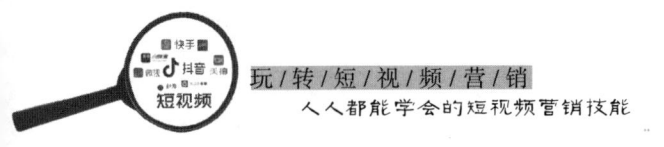

度，将潜在用户变成忠实用户。首先，品牌方可以为粉丝推送新颖的和价值较高的原创内容，以此塑造品牌形象；其次，还可以通过转发、点赞、评论等各种奖励活动提升粉丝参与的积极性；最后，还可以邀请网络红人分享使用产品的感受，增强粉丝的互动性，保持粉丝的忠诚度。虽然品牌与用户关系的管理和维护需要很长一段时间，无法在短期内获得明显效果。但从长远来看，这些品牌营销行为能够更好地塑造品牌形象，并在粉丝群体中获得良好的声誉和口碑。美即面膜就有一个非常成功的案例，2016年丽人丽妆用高达2200万元的价格得到了网络红人Papi酱的贴片广告位，虽然营销的费用很高，但营销效果也同样显著。从8月到12月，Papi酱发布的134个短视频中，美即面膜出镜高达12次。正是由于Papi酱的多元化植入让美即面膜拥有了最大程度的曝光量。在她每周发布的短视频中，软性植入广告是最精彩的部分。在短视频《老师，求你了，让我看会儿语数外吧！》中，Papi酱以教师节为主题背景，把视频场景设定为教室，将美即面膜软植入于老师的经典语录之中，让人回味的同时，又觉得有趣。可以看出，Papi酱的短视频植入广告，能够将视频的内容和节日背景与社会现象进行结合，引发了大众的共鸣。人们不仅愿意看完短视频，也记住了"美即面膜"这个产品，从而获得了良好的营销效果。

二、品牌传播并非一蹴而就

短视频的品牌营销过程大致需要制作内容—投放—变现三个环节，只有三者形成良性循环互动才能形成一个完备的商业模式。虽然当前的短视频发展已经进入了一个新阶段，但在大规模生产和大众狂欢的时代，品牌方其实并没有完全解决好制作内容、投放、变现等方面的问题，而且在进行品牌营销的过程中，存在一些技术局限和人为误区。

第七章　短视频上的品牌营销

1. 短视频在品牌营销过程中的技术局限

短视频作为内容快消品，用户在观看后容易过目即忘，再加上优质内容生产者有限，生产优质内容难度大，而平台只有吸引了优质原创内容生产者，才能在竞争中拔得头筹。随着短视频平台的壮大，其平台生产者的经济收益就越高，长此以往，就会导致短视频平台优质资源的不平衡，出现两极分化的现象，同时也会影响品牌短视频的投放效果，这一系列技术局限自然也将不利于企业产品的品牌营销。

（1）生产优质内容难度大。新媒体让传、收两者之间的界限变得模糊了，用户不仅是信息的接收者还是信息的制造传播者。由于短视频应用的门槛较低，用户只需要一部智能手机就能完成拍摄、编辑、上传等一系列流程，使得短视频内容制作和分享变得更加便捷。目前市场上的主流短视频平台上的普通 UGC 占到了全平台的几乎一半。但是短视频的普通个人用户更多的是分享自己的真实生活，其内容缺乏创意，视频制作也不够专业，时长通常也较短。作为生活的调剂品，用户无法也不会在短时间内进行过多的内容构思，作品质量可想而知。虽然短视频的数量比较大，但短视频面临内容同质化的问题，用户在观看过多相似内容以后，会影响对于平台的好感度，降低平台的用户黏性。

此外，一些热点话题和有影响力的公众人物已成为某些短视频平台营销的重点。在短时间内，明星、红人所带来的内容吸引了众多用户的关注，但这种追求短期利润而忽视了长期的整体发展的方式，将导致高质量原创内容短缺。作为我国最早的短视频应用之一，微视的发展路径值得深思。早在 2013 年，腾讯就已经以"微视"作为短视频品牌进行推广，2014 年春节时期，微视邀请众多影视明星使用微视进行新年祝福视频的录制和推广，希望能利用明星效应来获得众多粉丝的关注，以提高下载量和用户数量。但明星效应只能带来短期的关注度，由于缺乏优质内容,到 2015 年,这款产品就被腾讯战略边缘化了。当秒拍、快手、美拍等短视频应用的用户数量纷纷过亿时,微视的用户数量却依然停留在 5000 万人左右。到了 2017 年 3 月,由于微视一直没有对自身进行精准定位,腾讯正式宣布关停微视。直到 2018 年,重新上线的腾讯微视相继推出了高能舞室、歌词字幕、视频跟拍、一键美型等新功能,打通了 QQ 音乐的千万曲库,大量招募优质原创内容制作团队入驻,才让腾讯微视起死回生。

(2)吸引用户注意力难度大。人们在阅读图文内容时,往往需要代入式的深度思考,他们会使用一种由 A 到 Z 的"长形式"思考模式。在这种思考模式之下,受众会被限制在书本或手机屏幕的物理空间之内,他们会通过一种逻辑论证方式并投入大量的精力去阅读这些图文,自然也会对所看过的图文留下较深刻的印象。但在变幻莫测的互联网空间里,受众正在逐渐失去这种专注的"长形式"思考模式,取而代之的是一种"短形式"的新思考模式。在这种模式里,受众对于屏幕中的内容停留的时间会变短、思考也会变浅,同时更在意内容的娱乐性、刺激性而非逻辑的严密性。短视频拥有便捷的内容制作生产方式、内容分发渠道,也很容易形成病毒式传播。作为一种碎片化传播工具,短视频深入人们的日常生活,无论在什么时间、什么地点用户都能拿起手机,进行视频的观看或是拍摄、制作。虽然短视频仅仅十几秒的内容可以快速点燃用户的情绪、刺激用户的感官,以满足用户的特定需求。但在用户观看短视频时,过于密集和爆炸性的内容显示,迅速转换的视频浏览方式,虽然让用户的情绪得到满足,但用户在观看后没有记忆点,对大部分的视频内容"过目即忘"。其实,短视频就是一种内容消费领域的"快消品"。当前,我国的短视频内容主打幽默、娱乐,人们看过视频后经常不会有深刻的印象。品牌如果想给消费者留下深刻的品牌记忆,就需要将产品多次用不同的方式大量植入各个领域的短视频中，或者让消费者参与短视频的制作过程，不然仅仅凭借短暂的几秒钟广告，品牌营销效果并不会太理想。

（3）精准投放能力不足。无论是朋友圈短视频广告，还是微博短视频广告，或是短视频平台营销广告，都存在精准投放能力不足的问题。以朋友圈短视频广告为例，这种信息流短视频广告并没有被投放给每一个微信用户，而是利用算法，根据微信用户的个人信息如年龄、收入、地域、性别、浏览内容等数据进行针对性投放，所以不同的用户会收到不同的广告内容。可实际情况是，这样的广告投放并没有想象中的那样精准，甚至出现过这样的情况，一些学生收到了宝马的广告，一些收入一般的用户收到了爱马仕的广告。说明平台在用大数据进行选择的规则上还是存在着一些漏洞的，这些不足会让广告的效果受到影响，无法达到预期的收益，白白浪费了广告投放费用。除了数据不准确所导致的信息不对称使得品牌无法精准定位用户，选择合适的短视频平台进行投放，也是品牌方需要考虑的问题。当一个平台的用户与品牌的潜在用户没有任何重合时，那么就算用户观看了短视频广告，也不会起到营销效果，所以选择匹配的短视频平台进行投放才能最大限度实现品牌营销的效果。

2. 短视频在品牌营销过程中的其他不足

当今的短视频行业已经步入了稳健发展的阶段，但我国短视频行业的发展时间不长，在快速变现、企业运营等方面还不够成熟。所以短视频生产且投入市场后，仍然有一些问题，使得品牌在利用短视频进行营销时效果大打折扣。

（1）快速变现能力不足。短视频领域繁荣之下的不足还包括变现方式单一、盈利能力不足。短视频变现一般从流量和内容的变现开始，而传统的变现方式是无法与平台的发展相契合的。当前，短视频平台变现有两种方式：一种是从平台用户身上获利，另一种是从品牌方身上获利。如果从用户身上获利，势必会影响用户体验，因此许多平台会主要考虑从品牌方身上获利。短视频平台也会通过和头部内容生产者进行利润分享的方式进行合作，或者直接在平台内投放品牌广告，向品牌方收取广告费用。然而，无论是哪种模式，广告变现依然不够成熟，快速变现能力不足。短视频时长较短，无法表达过多的内容，同时需要兼顾用户体验，相对于长视频而言，快速变现更有难度。短视频时长一般不会超过 5 分钟，如果在视频开头加入贴片广告和硬广告一定会影响用户体验。相关数据显示，70% 的用户不愿意在视频广告上停留超过 10 秒钟。长期下去，如果用户出现视觉疲劳，甚至对视频失去兴趣，变现将更加困难。

（2）中小企业普及程度不高。除了抖音、快手、美拍、秒拍等人气较高的短视频平台外，各大互联网公司如腾讯、阿里巴巴、字节跳动、新浪等，也开始把短视频作为发展的核心要素之一，纷纷进入短视频行业，期待能够通过短视频提升用户的活跃度、关注度和阅读量。这些互联网巨头不仅投入大量资金，还不断为自家短视频平台宣传造势，希望能在竞争中胜出。同时，各大品牌也纷纷与各类短视频平台进行合作，推出宣传短视频。短视频行业目前已经具备充足的商业化条件，覆盖数十个垂直领域的大量的内容创作者和上亿名活跃用户，给短视频内容变现提供了可能。然而，大多数中小企业并没有把短视频营销作为品牌和产品的主要营销方式。目前，短视频平台的盈利主要是通过视频内容的广告植入来实现的。中小企业一方面担心支付了广告费却没有达到营销效果；另一方面，短视频具有一定的娱乐性和人气，但商业价值没有想象的那么高，无法准确地估算潜在消费者。垂直细分内容是短视频发展的方向，但依然处于起步阶段，还未形成稳定的模式。

（3）短视频市场不成体系。目前，短视频应用数量较多。大部分应用如抖音、秒拍、美拍，具备相似的功能，如美颜、特效、直播、点赞等功能，这就导致平台同质化现象。如果平台没有自己的特点和优势，就无法留住用户，就会降低用户黏性和粉丝数量，平台流量就不稳定。互联网的"娱乐至死"的精神已经深入人心，品牌方喜欢用创意性的短视频来获取受众的关注，而受众也希望使用短视频应用后，获得愉悦的心情，这就使短视频内容越来越娱乐化，这也成为当下短视频类 App 的普遍问题。以美拍为例，进入界面后可以发现，首页上的内容往往是依据平台内用户的点赞数和阅读量决定的，娱乐类、明星类、热点类视频占据了首页的半壁江山。低俗化和同质化的内容会让用户产生反感和视觉疲劳，随着时间的推移，用户的好奇心会被慢慢磨灭，流失了用户，平台的发展也就不言而喻了。

三、短视频品牌营销策略

1. 用户生产内容，进行互动营销

品牌利用 UGC 短视频进行营销也逐步成为一种比较普遍的现象，如品牌方在短视频平台上发起短视频拍摄的活动，吸引用户参与。在移动短视频的风潮之下，一大批普通用户也开始使用短视频分享自己的生活，模仿网络达人将自制的有趣短视频上传分享至各大短视频平台和社交平台上。这也让 UGC 短视频营销拥有了大批参与者，品牌方在用户参与拍摄短视频之后，进行互动营销，能够让用户提升注意力，真正地参与，并主动传播视频，形成长久的品牌记忆，是实现品牌传播价值的一大法宝。短视频互动营销活动一般由品牌方账号发起，利用短视频平台和明星、网络达人发布活动宣传视频，进而带动粉丝和用户参与互

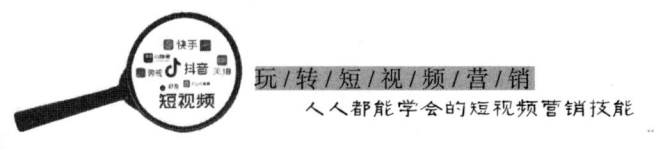

动,让大家不仅可以看视频,还参与其中拍摄视频,感染更多的目标用户。作为"年轻人的音乐短视频"社区,抖音的UGC营销模式十分强大。自从抖音进行商业化以来,与抖音合作的大品牌方可以说是源源不断。以抖音中MICHAEL KORS(简称MK)的品牌营销为例,MK以"城市T台,不服来抖"为主题,邀请抖音红人拍摄走秀短视频,吸引众多用户参与其中,就此打开了中国短视频营销市场。

2. 建立品牌账号,定制优质内容

在视频没有问世之前,一张图片也许能表达非常多的内容,但与图片相比,短视频所承载的内容更加丰富生动。目前,很多品牌已经在Vine、抖音、美拍等短视频平台上注册了品牌官方账号,并定期发布短视频,还会与用户进行互动。这种自主建立账号、互动的方式,能够更加直接地传达品牌精神,也能在赢得良好口碑的同时,拥有更强的吸引力。早在2013年,可口可乐就与视频红人Zach King进行合作,将可口可乐广告植入短短6秒的视频中,这一视频获得了用户数以万计的点赞。品牌账号中的短视频广告往往不会只有一种类型,为了吸引用户的目光,会利用多种形式的短视频进行品牌宣传,也可以与火热的自媒体账号进行合作,定制优质短视频内容。

(1)情感营销。情感营销通常以情感为主题,这种方式契合了中国的传统思想与文化,能够真实地打动受众,引起大家的共鸣。2016年7月中国电信在自己的官方微博账号上发布了一则短视频广告,时长只有15秒,出镜的主角也都是素人,但故事以亲情为主题,把情节设定为母子二人分别身处异地,可是很牵挂对方,母亲考虑到高额的漫游费想挂断电话,儿子引出中国电信取消漫游费的品牌宣传点。也正是这种以消费者的诉求为主的内容,才能吸引消费者的关注,这种贴近现实,以温情打动消费者的短视频软性广告,也更容易被大众接受。

（2）事件营销。事件营销是大多数企业常用的一种品牌营销方式。以护肤品牌自然堂为例，作为中国跳水队的合作品牌，自然堂将产品与里约奥运会这一重大事件相结合做事件营销。自然堂的官方微博从2016年8月开始不间断地播放中国跳水队队员吴敏霞、施廷懋等运动员的品牌宣传短视频，视频的内容并不是通过明星运动员简单地做产品功能广告，而是以她们在某些方面的小小不完美引出品牌主题："感谢不完美，成就十分的自己。"由于在里约奥运会的时间段，用户的主要关注点为奥运赛事或是运动员，如果强行把产品功能作为宣传点，并不会引起大众的兴趣；相反，另辟蹊径结合当前热点事件进行营销，则会有更好的品牌营销效果。

（3）制作产品说明书短视频。将短视频作为产品的说明书的营销方式，大多与京东或淘宝的移动客户端相结合，以短视频的方式对产品及使用方式进行介绍、解答客户疑问等。例如，戴森就拍摄了无线吸尘器的产品说明书短视频，让用户不仅了解到产品的使用效果，还能具体地知道其使用方式。甚至在使用过程中，有什么不懂的还会再一次打开产品说明书短视频，提高了产品曝光率以及回购率。这类短视频当前已经被大量使用于各大电商平台的产品介绍之中，消费者可以通过短视频进一步了解产品。

（4）与MCN机构合作定制内容。MCN模式在中国市场被快速复制，通过平台内部推荐和联合招商等方式吸引了大量优质内容的提供者。这些内容提供者拥有更强的产出能力和品牌宣传能力。在内容上，MCN机构能在质量上进行严格的把控，实现内容的规范化和规模化。在运营上，其专业化的推广和全网营销能力将为品牌方实现快速的流量变现。以魔力TV为例，其旗下账号"造物集"与天猫美妆进行合作，宣传众多一线美妆产品，并在感恩节、"双11"、圣诞节、年货节推出

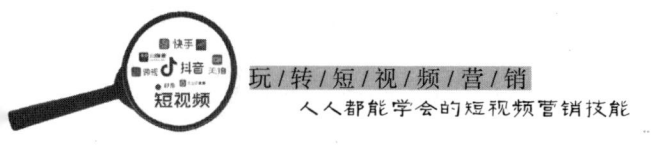

系列短视频广告，在微博上的话题阅读量达到 5000 万次，播放量过亿。可见，MCN 机构不仅为旗下账号带来了巨大的流量，也为品牌方变现提供了强大支撑力。

3. 充分定位平台，投放信息流广告

用户在社交媒体上浏览信息，可能稍不留神就点击了广告，这种广告很可能就是信息流广告。信息流广告常常会与视频的内容相融合，但仔细一看，会发现角落里打上了"广告"二字。信息流广告常常出现在社交媒体的好友的动态之中，最早的是 2006 年 Facebook 推送的信息流广告，现在 QQ 空间、微信等社交平台都开始定制信息流广告了。相较于传统的广告，信息流广告能更充分地融入用户的动态之中，触及率更高。在移动短视频时代到来之后，短视频信息流广告也开始出现在各大平台上。在此基础上，各短视频平台也会以自身的平台特性来为信息流广告填入更多创意内容，以快速融入用户群体之中。

4. 打通内容数据，实现快速变现

当前，大数据已经发展为各行业用以统计的重要工具。利用这些已知大数据，品牌方可以了解受众需求和兴趣爱好，对移动端品牌传播和营销具有参考价值。但是，在品牌进行发展的过程中，不能以数据为上，迷失在数据之中，不能妄想依靠大数据解决发展中的所有问题，更重要的是与用户进行沟通，真正了解他们，而不是一直推送广告信息，让用户感到厌烦。

（1）品牌内容与达人精准匹配。各类短视频达人都拥有大量的粉丝，由于关注同一个达人，这些粉丝也会拥有许多极为相似的特点，例如年龄段、职业类型、兴趣爱好等，也正是这些共同的特点让粉丝去关注同一个短视频达人。2019 年年初，"口红一哥"李佳琦大火的同时，也带动了一大批化妆产品销量的上涨。在李佳琦的直播间和短视频中，

其以男性的审美角度、有趣的语言吸引了大量美妆消费者的注意,也收获了一大批粉丝。李佳琦拥有出众的带货能力,他推荐的产品常常"秒光"。这样在垂直领域拥有众多粉丝基数的网络达人,能使品牌营销更快速地俘获消费者的芳心,加速品牌产品的导流和宣传。

(2)充分利用大数据平台。为了使投放的短视频广告取得更好的效果,品牌方大都会通过大数据对短视频受众进行分析,从而更加精准地投放短视频广告。只有精准地将广告推送给相关用户,才能提高用户的关注度,形成更高的转化率。在这方面,微信和微博因为拥有海量的用户数据,优势更加明显。大多数平台会结合大数据,分析品牌方的广告投放目的,了解用户的兴趣爱好,使广告效果最大化。虽然当前市场上,有许多品牌方为了降低成本,会将同一个短视频广告多平台投放,但是在投放的过程中,依然需要考虑平台的特殊性,利用大数据分析目标用户后,增加一些独特的元素,有针对性地投放视频内容,让用户有一种被重视的感觉。

(3)注重区域个性化。区域性的内容由于具有地缘特点更容易打动目标用户,当用户看到短视频内容与自己所处的区域或是家乡有关时,自然会产生亲近感,也更容易关注这类短视频内容。随着短视频垂直内容的不断涌现,内容生产者将面对更细分的受众群体,精准地向他们进行内容的投放和个性化推荐才能吸引受众的注意力。例如,二更视频平台作为国内原创短视频平台,在全国乃至海外30多个城市建立城市化、垂直化产品矩阵,不同的视频主体会推荐自己城市所发生的故事和内容,充分调动了受众的情绪和情感,实现了视频内容的区域个性化,也让行业内不少视频创作者纷纷效仿,启动短视频区域化布局。精准匹配移动短视频网络达人、充分利用大数据、重视区域个性化等能大大提升移动短视频品牌营销的精准度。

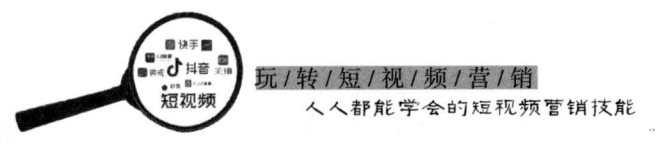

5. 优化内容创作，实现场景化营销

（1）视频特效丰富场景营销。对于品牌和企业来说，除了让用户参与品牌的互动营销之中，还可以与短视频平台进行合作，利用拍摄特效和滤镜等功能吸引消费者，让视频场景更加丰富有趣，提升其吸引力。作为长城汽车旗下高端SUV汽车品牌WEY，创始于2016年，由于起步较晚，大部分消费者对此品牌并不熟悉。该品牌在2019年新年期间与抖音短视频合作，推出话题"抖出你的新年味"，发布Papi酱团队的签约红人"爆胎草莓粥"的拜年视频，并邀请用户进行视频拍摄，最重要的是在特效道具中加入了WEY品牌的新年祝福和汽车图片，让用户在拍摄的时候更加好玩、有趣，不仅塑造品牌场景、进行了品牌的传播，也大大提升了WEY的品牌知名度。

（2）故事丰富场景化营销。如果想要在短时间内抓住视频用户的注意力，品牌方就必须在视频的创意以及内容上下功夫。在利用移动短视频进行场景化营销的过程中，需要充分考虑短视频的社交属性。品牌方可以利用产品或热点话题发起一些有趣的短视频拍摄活动。例如，美拍在圣诞节的时间段，以"麋鹿"为元素，与哈罗单车联合在微博上发起的"一骑麋鹿舞"短视频话题活动，该活动要求参与者在有哈罗单车的任何场景，跳一段麋鹿舞并上传至美拍平台，就有可能赢取现金大奖。这种具有创意性的短视频活动会让参与者觉得新颖有趣，加上圣诞节的契机，用户更愿意参与到活动之中，也会对品牌方和产品给予更多的关注。

6. 营造具有亲和力的"LOVE"实现体验式营销

体验式营销是品牌方让消费者参与到营销的过程里，拥有真实的体验，并能够对比各种产品，让消费者自己感受产品的优势和不足，再根据消费者的感受进行一系列的销售行为。这种方式不仅能够满足消费者的体验需求，同时能将自身的产品全方位地展现给目标消费者，是一种高质量的体验经济活动。作为企业，要想将品牌通过短视频进行推广，就必须遵守市场规则，与短视频平台一起构建一个良好的网络环境。以用户为中心，做好营销内容，将维护短视频市场环境秩序落实到行动上。在这个过程中，品牌方可以围绕用户进行体验式营销，实行"LOVE"四大法则，分别是倾听、全渠道一致体验、价值感、参与感。

（1）倾听。品牌方要把倾听当作一种责任、一种态度、一种习惯，像朋友一样去倾听粉丝的心声。短视频平台用户不仅可以自己拍摄上传视频，还能对每条短视频进行评论、点赞，品牌方通过粉丝点赞数量、留言内容就能了解他们的想法和内心的真正诉求，从而做出正确的营销策略。

（2）全渠道一致体验。品牌营销的未来和希望就在于渠道的全面性，移动互联网是全渠道电商业务最重要的营销渠道，移动互联网社交将会是全渠道的枢纽。在移动短视频的营销过程中，品牌方需要不断了解消费者，在各大社交平台上为消费者提供一致的良好体验，维护消费者与品牌之间的情感，实现更高效的全渠道品牌营销工作。

（3）价值感。移动互联网营销的价值规律已不同于传统销售模式的，当前经济背景下，品牌方必须从商业的本质出发，找到用户的普遍需求，为其创造更多的价值。这种价值也包括品牌方要为粉丝提供商品之外的人文、社交和情感价值，而不是只在短视频中生硬地植入各类广告，引起用户的反感。

（4）参与感。移动互联网带来的还有新的商业价值参照体系。过去互联网还不够发达，全靠商家一方发声，无法了解消费者的心声，整个营销方式都是单向的，然而参与感恰恰才是粉丝经济的核心。例如，抖音在城市品牌体验式营销上是快人一步的，在长沙、重庆、西安等城市

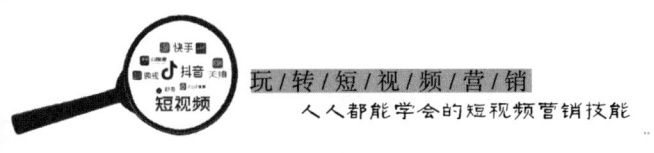

频频在抖音平台上走红后，抖音牵手敦煌、正定并举行线下发布会，与城市达成战略合作，用有趣、好玩、年轻人感兴趣的方式去弘扬城市文化，展示敦煌、正定之美。用户在观看短视频的过程中，能够从视觉、听觉等全方位、立体式地感受短视频内容所带来的新鲜感和愉悦感。由于拍摄地理位置、传播主体、传播内容的变化，再加上多角度的视听效果，短视频让人仿佛身临其境感受到当地的人文风情。在敦煌，有人拍下了抬头可见的万里星空，有人去听了月牙泉流传千年的神秘故事，有人去鸣沙山骑了骆驼，也有人想在敦煌找到信仰和寄托……更多人在用新方式感受敦煌的美好，当用户点开一个视频时，可能会被敦煌惊艳。在用户感官得到满足的状态下，情感便会产生共鸣。短视频一方面让用户产生了美好的遐想，另一方面让用户在美好的遐想中产生消费的欲望。

第八章　社会化短视频营销

一、社会化短视频

"社会化"强调个人参与、互动性，即"互动"和"分享"。信息化时代的到来，短视频社交属性日渐显露；人们是视频内容制造者，也是传播者；如何培养用户参与感，实现与社会共进步。"社会化"一词提出，加强同社会之间的联系，清楚地知道用户需要什么，实现品牌商业到社会价值的转化。社会化短视频是社会化创意下分支的一部分，是希望过程和结果能够产生社会价值和商业价值的创意，是希望让高用户连接度与关联度的社会化创意融入社会的每一个角落，加入社会，并改造社会。它的任务就是要站在高处参悟一种规则，落实在实处所使用的一种价值，坚持不断输出一种观念，让我们的社会在创意的熏陶中不断进步。

社会化短视频发展过程：①孕育期。Twitter 和 Facebook 作为国外短视频社交平台先驱，在全球范围内发挥着作为社会化媒体的巨大影响力；再看国内，社会化短视频也开始受到越来越多的人关注和青睐，这一阶段的社会化短视频还局限在计算机端口。②发展期。2011 年，移动终端手机的飞速更新发展，大量资本的注入，为形态各异的短视频产品提供了巨大动力，各类手机短视频 App 先后上架，如快手、抖音、微视等，在这一时期，社会化短视频迎来了快速发展的春天。③成熟期。短

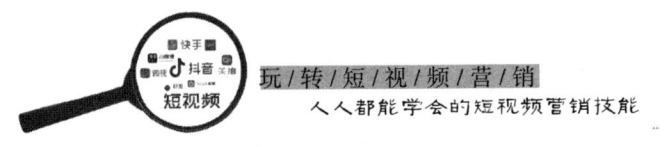

视频平台依靠其自身迭代发展速度快的优势，摸索出一套成体系的发展模式与盈利模式，期望实现长期稳定的良性发展。社会化短视频的产生与发展也是由于人在社会发展过程中不断发展与变化，从而促使社会化短视频也逐渐适应受众、贴近受众，并开始趋于稳定发展。

近年来，短视频行业进入快速发展期，15秒视频成为媒体内容传播的主要形式，出现以用户内容为主的媒体平台，内容丰富新颖，涵盖技术分享、时尚潮流、美妆带货等类，打破传统媒体对时间、空间距离的限制。吸引大批年轻受众、企业的入驻，影响范围越来越广，短视频成为年轻、潮流化的代言词。①携带信息量大，参与门槛、成本低。短视频一经出现，就显得"势不可当"；制作简单，传播速度快，能实现"即拍即传"的效果。介入门槛低，没有年龄、层级限制，用户广泛参与，社交媒体属性更强。②用户数量激增，寓示着巨大的流量价值。符合当代人碎片化阅读习惯，空闲时间内得到迅速传播，大量资本进入短视频行业，使用用户持续增长，如今，几乎每5个人里就有一人是短视频用户，平台用户的数量，是企业衡量投放广告的关键要素。③帮助品牌互动，提升粉丝的黏性度。自身优势决定具有互动性强、多场景化、创意度高等特点。社交媒体下，一场成功的视频营销，对购买力转化效果很明显。以视频直播的形式，较简单实现场景化营销，帮助品牌加强互动，增强粉丝黏性。头部意见领袖资源不足以支撑爆发式增长的市场营销需求，优质视频内容生产者仍是各媒体竞争的关键，成为广告主的另一大选择；中腰部崛起，营销价值巨大，各平台纷纷扶持优质内容生产者。"内容"成为互联网竞争的重点，变得和流量同等重要。总体来说，随着短视频市场逐步完善，内容质量不断提升，流量变现将推动整个市场规模继续扩大。

二、社会化短视频的传播

关于社会化短视频的传播，我们主要从传播主题、传播内容、传播对象、传播渠道几个方面来进行分析。为了便于说明问题，这里以抖音为例。

1. 抖音的传播主体

（1）抖音。抖音在 2016 年 9 月上线，一直到 2017 年春节后才大举压上资源，抖音越来越上升的数据使今日头条下决心将各种流量明星推广资源全力导向这个可以提升公司形象的新项目。抖音很快成为头条战略级产品。当然，头条将最核心的算法优势也用到抖音上，保证内容分发效率。

（2）幕后管理者。北京微播视界科技有限公司是抖音的开发者，公司的创始人是今日头条的技术总监梁汝波，而幕后的则是今日头条的创始人张一鸣。张一鸣在 2012 年创办字节跳动，推出今日头条。今日头条其实并没有编辑团队，对于内容并不会进行干预与加工，全靠机器演算后的个性化推荐，只作为内容的分发渠道。

（3）高标准的团队。今日头条的人才机制主要包括三个要点：第一是有付出就有回报；第二是成长；第三，这个公司能够使人精神愉悦、工作有趣。目前今日头条有 500 多人，其中产品技术就有 200 多人，技术人员是最大头。今日头条与传统新闻媒体不同，今日头条可以最大化新闻客户端搜索和推荐的技术优势，并为每个用户推荐相关信息。从更广泛的意义上讲，它不再是新闻客户端，而是将用户连接到信息的切入点。今日头条首先是基于本身用户，其次是通过技术广泛解决，以满足信息需求。

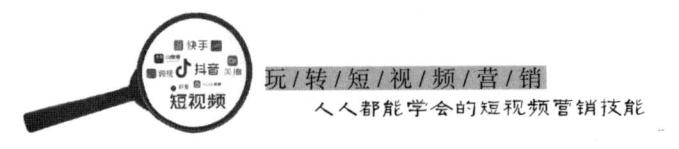

2. 抖音的传播内容

在传播的过程中，内容的传播是不可或缺的因素，特别是在互联网高速发展的时代。在无数快捷便利的媒介渠道中，新媒体企业家的首要考虑因素就是，怎样能够吸引受众的目光，从中脱颖而出。

（1）抓住内容的本质。内容的本质并不在于它的复杂程度，内容最基本的本质其实是打动人心。抖音短视频能不能够火爆关键在于短视频的优质内容能不能打动用户。优质内容的核心在于该内容是否吸引用户、引起用户的好奇、引起用户的共鸣、引发用户的思考、探求未知的欲望或者是否与用户利益相关、满足用户的幻想及获取内容中的价值等。抖音的内容是神奇的，它捕捉内容的本质，满足用户的好奇心，使用户有共鸣感和新鲜感，牢牢地抓住用户的七情六欲、五感六觉。

（2）巧妙的议程设置。议程设置是大众传播的重要社会功能和影响之一。抖音的挑战和主题是典型的议程设置指南。抖音的操作运营一直在试图强烈地诱导抖音用户进行内容制作的行为。然而，抖音的老用户应该能够发现抖音的主题与挑战是无效的，发送的视频都是随意地挂在有热度的话题上，但这并不影响抖音内容议程设置的属性。

（3）内容强运营策略。抖音仍然是集中心化运营操作的想法，内容的控制主导着操作。操作在一对看不见的手后面，控制着一系列推荐。推荐并不是因为点赞量高就推荐，也不是因为好看就插入其中，根据过去的经验，推荐的抖音操作应按比例控制并进行战略部署。

（4）抖音音乐对情绪的影响。抖音已经切入了音乐领域短视频市场的产品定位创新。现在我们从内容的角度来看，而抖音的内容怎么这么吸引人？可以说音乐起至少起 50% 的作用！在音乐的听觉感官刺激下，大脑与视频本身的内容相结合，一些一般的没那么吸引人的视频可能会突然出现很多不同的信息。

（5）抖音内容门槛低、易模仿。抖音现在不断地降低内容制作的门槛，以换取高频内容制作，表达自我的信息交流。抖音的内容都很容易被模仿与借鉴，因此普通人都可以看到自我表达的可能，新一代的年轻人的想法都可以通过抖音释放出来。

3. 抖音的传播对象

随着信息通信技术的快速发展，尤其是互联网的普及，移动媒体连接互联网变得越来越容易，媒介也越来越多，受众取得信息的形式也越来越多。受众从被动接受传统媒体到互联网时代的自主选择，促使新媒体产品用户的定位符合"分众"原则。不同的传播对象使用不同的方法将不同的信息传输到不同的传播对象。这表示这种大众传播要求媒体更专业，信息传播的受众更小众，更有针对性。

4. 抖音的传播渠道

抖音的传播渠道不仅很多而且广泛，其中最主要的传播渠道互联网传播，互联网传播包括了抖音本身的应用平台、微博平台、微信平台及其他的互联网传播方式。其次就是垂直门户的合作网站传播。

5. 抖音的盈利模式

抖音的发展离不开对盈利模式的探索。当前互联网上的短视频有四种主要的盈利模式：第一是硬广告，主要放在视频的开头或结尾；第二是原生广告，或者说软广告，即消费者自己使用媒体来接触消费者的广告模式；第三是通过直播过程中用户打赏或内容付费观看直接获取盈利的方式；第四是电子商务变现方式。

三、社会化短视频的营销策略

社会化短视频的发展离不开对盈利模式的探索。当前互联网上的短视频有四种主要的盈利模式：第一是硬广告，主要放在视频的开头或结

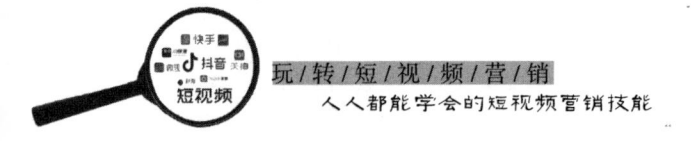

尾；第二是原生广告，或者说软广告，即消费者自己使用媒体来接触消费者的广告模式；第三是通过直播过程中用户打赏或内容付费观看直接获取盈利的方式；第四则是电子商务变现方式。变现的实现程度无疑与社会化短视频的营销策略有关。

1. 植入式营销——视频植入广告

视频内植入广告是目前视频营销的最普遍形式，信息在不知情的情况下传递，相对于硬性广告"灌输"，被迫接受广告内容。植入式营销具有更隐蔽、便捷、高效的特点。第一，隐蔽性，表达要婉转，画面不突兀，观众容易接受。第二，便捷性，时长一般较短，可根据相应的媒介进行定位，使得广告转化率更高。第三，高效性，精准的投放，实现广告与视频内容的结合，在观看的同时，却毫无违和感。没有刻意将广告创意加入其中，反而加深了用户品牌印象，精确定位到大众焦点才是营销切入点。

2. 社区式营销——UGC

短视频的社区式营销，主要来源于UGC，我们大多数接触到的短视频平台都是用户生成内容。技术层面要求不高，制作门槛低，深受"普通用户"的喜爱。社区是让人不断产生交流、互动，也是解决精神上需求的空间。同处于一个社区，人们会获得社区氛围带给的相同感受，接受他人观点，表达自己想法，好的社区氛围是不断产生优质内容的基础。营造社区式短视频，针对不同的人群进行宣传，可信度要更高，有利于开展口碑营销；投入少，见效快，激发后续优质视频内容，产生联系后，更容易相互交流、分享。

3. 病毒式营销——打造爆款标题

病毒式营销是常用的网络营销方式，指营销信息像病毒扩散一样快，短时间内被多次分享，达到广而告之。众多商家、网站，利用病毒营销进行推广，建立品牌认知；一场成功的病毒营销，能在短时间内突破千万点击量。看到有趣的视频我们会分享给亲戚朋友，这种传播是自发、非强制性，不需要场地和物资，让大家来告诉大家，实现"二次传播"。此外，标题独特新颖，利用公众好奇心，获取阅读量，这也是近年来"标题党"层出不穷的原因。怎样将标题转化为流量，在短视频的洪流中脱颖而出，才是营销中需要借鉴的。

4. 意见领袖式营销——"短视频+直播"

社会媒体新环境下，信息传播碎片化，品牌推广必不能用以往的运营模式，意见领袖成为品牌连接消费者的桥梁。谁是影响舆论走向的"关键意见领袖"，社交媒体时代，直播中吃饭、化妆、打游戏的主播加入了意见领袖阵营，我们更多地称他们为"网红"。以网红和消费导向达人的眼光，进行选款、视觉推广，通过粉丝长期信任，关注，依靠社交媒体上聚攒的人气，庞大粉丝群体进行定向营销，从而转化为购买力。

第九章 带货：如何做好直播

一、带货成为职业

在移动互联网时代，电商主播已经成为一种职业，在诸多带货明星的影响下，互联网带货在各大短视频平台上随处可见。其中，短视频带货营销已经成为产品营销的新趋势。2020年7月，国家人力资源和社会保障部联合国家市场监督管理总局、国家统计局发布了9个新职业，分别是区块链工程技术人员、城市管理网格员、互联网营销师、信息安全测试员、区块链应用操作员、在线学习服务师、社群健康助理员、老年人能力评估师、增材制造设备操作员。除此之外，三个部门还发布了这些职业之下衍生的新工种，比如备受关注的互联网营销师职业下新增的工种"直播销售员"，也就是人们在视频平台上经常会看到、熟知的"电商主播"，从此"主播们"也都转正了，成了正式的职业工作者。如今在短视频平台上，借助互联网的便捷性、交互性、传播性，对产品进行推广营销的方式已经为广大民众所熟知、接受，并且在用户中产生了广泛的影响。

随着抖音、快手等平台的兴起，众多企业纷纷加入直播带货行业中，成交额总值达到千亿元级别。互联网技术的发展催生了多样化的创业、就业模式。例如，在产品营销领域，随着短视频带货、直播带货等

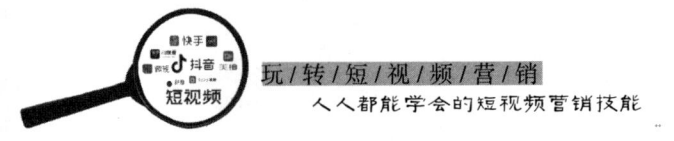

网络营销行业的兴起，互联网营销从业人员也在迅速增长。在短视频平台上，运用互联网的交互性与传播力，对产品进行多平台营销、推广的直播销售员，已受到广大企业和消费者的青睐与认可。

简单地讲，互联网营销师其实主要是指直播带货主播等。随着国内网民带货的不断演进，直播带货这个新兴行业已经吸引了大批的企业大佬和草根。随着互联网营销师正式成为国家认证的新兴职业，带货主播实现职业化，对企业营销人员来说，互联网营销师的加入意味着营销推广队伍又多了一个阵营，直播带货或将成为主流营销渠道之一。

二、火起来的直播

2020年，新冠肺炎疫情影响了线下产品营销活动，却促使直播带货进一步走热。这也使得电商主播作为一种职业选择，逐渐得到社会的认可。行业火爆的同时一些弊端也开始显现，主要体现在以下五个方面：一是直播带货商家未能充分履行证照信息公示义务；二是部分主播（特别是"明星主播"）在直播带货的过程中涉嫌违规宣传；三是产品质量不合格，平台主播向用户兜售"三无"产品、假冒伪劣商品等；四是直播销售量刷单造假；五是售后服务难以得到保障。此前，各地媒体都曾报道过主播带货的乱象，在主播收取高额"坑位费"的同时，商家通常会对主播的直播提出带货销售目标，为了完成与商家约定的销售目标，有部分主播及机构会在直播时大量刷单，造成货品销售火热的假象，待完成甚至超额完成既定销售额、商家支付完服务费后，这些主播及机构再安排退货退款，从而将"坑位费"与服务费都收入囊中，实现空手套白狼。从大量不同IP下单的账号，到遍布全国各地的收货地址，部分不道德的主播及机构蒙蔽商家早已有了成熟的上下游。而媒体报道中的带货乱象也好，主播高收入也好，主要说的是头部主播和头部机构。对于大部分普通中小主播来说收入并不高，他们大部分挂靠在一些非正规的企业或工会下，保底薪资极其微薄，同时也没有五险一金等保障。与才艺表演、电子竞技等主要靠观众喜爱获得打赏的完全可以单打独斗的秀场主播不同，带货主播身后往往需要有一支拥有销售经验、掌握经济贸易知识、具有数据分析和市场分析能力的电商直播团队。

从本质上说，直播经济是注意力经济的重要形式之一。主播个人的影响力、感染力，让消费者对其推荐的产品有着更高的信任度；而即时性、互动性以及社交化的消费场景，又给消费者带来了更便捷、更新鲜的购物体验。这样的特点容易吸引用户，但也容易带来问题。因此，规范直播带货行业，加强对短视频平台及商家经营行为的监督与指导，同时为从业者的发展留出适当的空间，就显得十分重要了。直播经济也是口碑经济，从业者守法、诚信是其发展壮大的基石。如果从业者抱着做一锤子买卖的想法，必然难以行之久远。随着直播销售员这一新工种的正式确定，相应的资格准入、从业规范、行业监管等规则也会陆续出台，这将为新职业、新工种的长远发展奠定制度基础。更为重要的是，直播销售员成为新工种，相关从业人员就会按照国家的规定，加强自身建设，提升专业素养，并将其作为奋斗的事业去努力。从这个角度来说，新职业、新工种的确立是一项非常重要的工作，能够促进该行业从业人员的素质提升和整个行业的规范发展。

在直播带货产业链中，主播、运营和选品对于一场直播的完整呈现十分重要，也是目前行业中人才需求量最大的三个关键岗位。每年的电商购物节期间，带货主播和直播运营两大岗位的需求量都会比其他时间段大增，其中直播运营岗位的人才更为紧缺。相关数据表明，2020年上半年，带货主播的平均月薪为11220元，尽管同比下降了近2000元，但是在全行业的所有岗位中，这个平均薪资仍然处于高

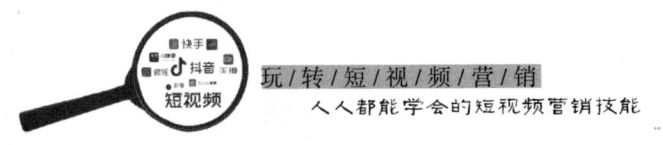

位。不过，这个行业的收入两极分化现象严重，大型直播平台主播的收入显著拉高了平均值，71%的主播月薪在1万元以下，每天工作10~12个小时。2020年上半年希望进入直播带货领域的求职者平均工作经验有明显提高，拥有3年以上工作经验的人才比例为56.5%，同比增长了11.5%。从学历水平来看，2020年直播带货领域从业者的学历水平略低于2019年同期，中专及以下学历求职者的比例由2019年的11.3%增长到14.6%。2020年上半年，杭州、广州和深圳3个城市领跑带货经济发展，无论是岗位需求量，还是求职者最向往的目的地，这3个城市均位居前三位。相关数据表明，在企业招聘需求量最大和求职者最向往的前10个城市中，有7个重合，分别为：杭州、广州、深圳、北京、上海、成都和长沙。这些城市基本构成了目前带货经济的重点区域，它们在电商平台、短视频平台、供应链等资源方面均有较好的基础。其中，北京以微弱的优势超过上海，成为2020年上半年直播带货领域平均招聘薪资最高的城市。同时，只有北京求职者的期望薪资高于企业招聘薪资，平均期望薪资高达13304元。直播带货领域中最吸引眼球的主播岗位从业者以年轻女性为主体，其比例高达78.2%。同时，有48.1%的主播年龄在25岁以下，31.3%的学历为中专及以下。带货主播从业者的背景高度多元化，电子商务、市场营销和会计学是希望从事带货主播岗位的人群中占比最高的3个专业。由于带货主播的准入门槛相对较低，薪资待遇相对丰厚，刺激了大量生活服务业和视频直播领域的年轻人以全职或兼职的形式涌入。

直播带货是电视购物的升级版。电视购物与直播带货的本质逻辑是一样的，都是在特定的环境中呈现出产品的特点，以实现成交。但直播带货进步的地方在于主播能与用户实现实时互动。当用户有问题的时候，可以直接在直播间留言，主播能够与粉丝实现隔屏互动，在线帮助

第九章 带货：如何做好直播

他们答疑解惑，这一点还原了线下消费的场景，大大优化了购物体验。直播带货营造出一种朋友聊天的场景，迅速拉近了用户与主播之间的距离，带动了直播间的气氛。营销的本质在于与用户建立信任。从传统的线下零售到互联网时代的内容电商、网红直播，销售的本质没有改变，只是在销售渠道上不断换代更新。

在商品还没有那么丰富、传播手段还比较单一的广播电视时代，人们会通过电视购物来进行一定程度的线上购物。而现今，互联网时代已来临，商品进一步丰富、传播手段更为多元化了，互动性更强、更快、更便捷。如今视频类营销依然处在风口期，严格地说，图文、短视频、长视频都可以带货，但效率最高的带货形式是直播带货。很多短视频平台的用户在看惯了视频直播后，就再也看不进去图文了。这个道理就和看惯了抖音、快手不想看微博、微信公众号的图文一样，也好比看惯了电视就不再专注地看报纸一样。视频的表现形式远比单纯的文字、语音更直观、更有冲击力。加上 5G 时代的到来，让视频更如虎添翼，过去的报纸调动的是读者的看，而电视时代到来后，我们可以看，也可以听；而短视频的形式出来后，受众不仅可以看、听，还可以与主播聊天互动，全方位地调动情感，刺激神经，最终完成转化。这也是为什么有些人平常消费很理性，但是一看直播就忍不住"剁手"。因此我们认为，直播带货这种方式未来依然会有较大的发展空间，还会有升级版。得益于近几年 5G 网络及大屏幕手机的普及，区别于早期以才艺表演、电子竞技等为主要展示内容吸引特定人群的秀场直播，面对普通人群的电商直播在 2020 年成了各大平台的新宠儿、众多商家争抢的"香饽饽"。

在各种情况的叠加影响下，2020 年电商直播作为拓宽销售渠道的有力手段被加速推到台前，直播带货的热度远超预期。正是因为相比秀场主播，带货主播从最初选择商品开始就需要一系列团队的支持，所以

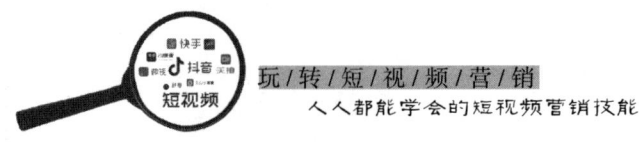

目前虽然两者同属主播这一行业，但头部的秀场主播和带货主播少有互换身份的。秀场主播缺少带货主播选货的眼光、带货的话术和售后的经验，而带货主播缺少秀场主播的才艺以及和粉丝互动沟通的能力。秀场主播和带货主播的收入相差并不大。相比火了才不到5年的电商直播，传统的秀场直播模式已经持续了十几年，毫无疑问已经讲不出新故事了，但长期持续的盈利和经久不衰的人气令秀场直播平台很少有转型电商直播的动力。

　　那些在各平台上运营主播的公会更加有转型、增加收入的动力。抖音上的不少公会早在2018年就开始安排部分旗下的秀场主播进行直播带货试水，现在美妆、品牌服饰、美食类产品是抖音主播喜欢的带货品类。由公会接带货单，主播24小时直播（公会旗下的五六个主播轮流在直播间直播带货），买DOU+（指抖音内容加热和营销推广的工具）提高热度，既保证视频人设和带货人设统一，也通过多主播直播减少用户对主播的关注，将用户的注意力转移到产品上。这也是抖音上公会对外宣传的手段之一。而更传统一些的秀场平台如斗鱼对直播带货始终没有提供大力度的支持，导致平台上的公会也趋于保守，并没有大力拥抱带货直播。

　　有人说过，花40万元请主播带货只达成3000元的销售额，商家被套路得哭都哭不出来，表示不会再与带货主播合作了。而秀场主播靠打赏的模式已经持续了十几年，短期内不会有什么问题，还能维持盈利很长时间，甚至还能给直播带货这一类新业务持续"供血"。

三、流量

　　任何一家短视频平台都离不开一个核心问题——流量。得流量者得天下，有了流量才能进行下一步的转化，流量是商家的关注点所在。对短视频平台来说，流量就是市场，流量就是用户，流量就是商机。我们讲的私域流量就是指这部分流量属于商家或个人的私有资产。既然有私有，那必然有公有。与私域流量对应的是公域流量，比如淘宝、京东这些大的流量平台上的流量需要花钱买，而且越来越贵，这里的花钱买指的是广告推广、排名推广等。有了曝光率，用户的关注点（浏览行为）自然就来了。

直播带货要想获得成功，流量是必须考虑的一个问题。如何利用好现有的流量来使营销事半功倍，是每一位短视频直播者都必须考虑的问题。这里从私域流量和公域流量的角度来分析直播带货中的流量被利用问题。

1. 私域流量

流量池是蓄积流量的容器，主要是为了防止有效流量流走而设置的数据库。私域流量指的是品牌或个人自主拥有的、无须付费的、可反复利用的、能随时触达用户的流量。它并不是一个新生事物，只是与我们曾经接触的流量相比，更加便于商户或个人使用。比如，之前社交媒体还没普及的时候，私域流量就是商家拥有的自己客户的联系方式（手机号码、邮箱、住址等），想要联系他们时，可以打电话、发短信、发邮件，甚至往他们家寄样品，当时这些客户信息都是公司的商业机密。

2. 公域流量

公域流量也叫平台流量，它不属于单一个体，而是平台所有的流量。常见的平台包含五大板块：电商平台，如淘宝、京东、网易考拉等；内容聚合型平台，如腾讯新闻、网易新闻、今日头条等；社区平台，如百度贴吧、微博、知乎、简书等；视频内容型平台，如腾讯视频、爱奇艺、抖音等；搜索平台，如百度搜索、谷歌搜索、360搜索等。

对于平台中的用户来讲，他们只能以付费等方式，在遵守平台规则的前提下获取流量，留存率较差，因为用户没有支配权，只能跟随平台的发展规律顺势而为，且流量始终属于平台，用户稍有过分的营销嫌疑就会被封号。很显然，用户都要依靠平台获取流量，并且不能完全掌控自己的流量分发。这种形式所带来的弊端便是每次流量的使用需支付高昂的费用。优点仅为流量获取方式相对简单，花钱购买即可，平台会根据用户付费的级别来定制推送计划。但这种推广方式相当于大海捞针，比如我们在百度上做推广，想利用百度的流量来曝光我们的产品，但是每天使用百度的用户来自各个阶层、各个岗位，需求五花八门，可能100个访问用户中，只有1个是具备目标用户条件的，因此平台流量不能精准地覆盖目标用户。

3. 公域流量与私域流量的比较

公域流量与私域流量并不是绝对概念，而是相对概念。例如，一家商场开在步行街上，商场里的流量相对于步行街就是私域流量，因为商场在步行街内。而步行街的流量相对于商场就是公域流量，因为其他商场也可以享用。又如，打开淘宝上的一个网店，网店里的流量相对于淘宝就是私域流量，而淘宝的流量相对于网店就是公域流量。同样，公众号的流量相对于微信就是私域流量，微信的流量相对于公众号就是公域流量。所以说，公域流量就像大海，刚开始鱼多，捕鱼的人少，即便我们捕鱼的技术一般，也能有所收获。随着捕鱼的人越来越多，捕到鱼的成本越来越高，鱼的质量却越来越低，于是很多人就开始自建鱼塘养鱼，这样捕鱼的成本低了，也更容易捕到鱼了，还能租出去让别人钓鱼。自建的鱼塘就是私域流量。伴随着流量红利的减少，公域流量逐渐饱和，商家很难再以较低的成本获客了。

为什么说私域流量的获客成本较低？

私域流量属于单一个体的流量。比如，某个公众号的关注用户都是

UI（用户界面）设计师，这个公众号的首选目标是推广UI设计网课，因为关注用户大多有这个需求，也来自这个领域，只不过需求的强弱程度不一样而已，在100个阅读用户中，可能有10个用户会仔细了解。所以这种推广方式的精准度要比平台流量的更高，而且推广费用极低。弊端是曝光率低、影响范围小、用户热度是临时性的，但在短时间之内有明显的用户增长，这就是所谓的"极速获客""热点获客"。我们常见的私域流量存在于个人账号中，他们可以完全掌控自己的流量分发。例如，在微信中，好友也是我们的私域流量，我们可以选择不同的好友分组推送消息，因此私域流量最大的特点是直接触达用户。

同时，私域流量可以被反复利用，更适用于复购属性强的产品，利于提高复购率，比如一些小超市的营销手段就是利用私域流量提高顾客的黏性和复购率的：在超市购买商品支付时，收银员要求你添加他们店长的微信号，添加成功可以送积分，享受折扣，这就是获客的第一步，然后店长会把这些顾客拉入一个微信社群里，每天定时推送一些打折商品、优惠新品等的信息，有时还会搞"抢红包"的活动。我们可以看出，比起公域流量，私域流量更注重引导和运营。如果用一句话概括私域流量和公域流量的区别，就是私域流量的用户属于个体，公域流量的用户属于平台。

4. 私域流量的特点和优势

（1）可控。假设某平台有100万个用户，然而这100万个用户跟我们没有任何关系，我们只有把里面的用户导入自己的平台上，才算自己的用户，后续对这些用户的针对性服务才有可能发生。就拿抖音来说，用户喜欢的短视频很多，当对其中一个视频感兴趣时，可以选择关注号主，关注后可以第一时间享受到号主提供的视频服务；而对号主来说，关注者就是从平台引入的私域流量。当关注号主的用户越来越多时，这

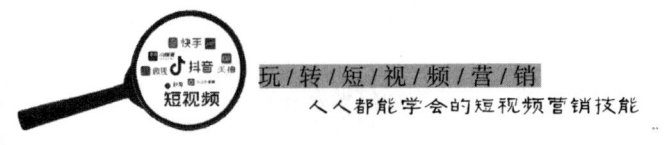

个号主就成了所谓的网红，并在特定领域有一定的影响力，因为后面有一大群"私域流量"在支持他。基于此，一些其他的业务和广告就随之而来了，这伴随的也就是收入的增加。号主可以选择性地服务，将关注者进行细分，从而与不同的品牌合作。

（2）更省钱。产品在平台获得曝光需要支付高昂的费用，比如，关键词竞价、关键词推广等。私域流量几乎是免费的，一旦把用户从平台流量引入私域流量，比如微信社群，那就可以实现"我的地盘我做主了"，当然必须重视用户体验，如果用户体验不好，分分钟会被别的私域流量吸引走，毕竟选择是用户的权利。如果用户获得了良好的体验，就会为你引入更多用户，这相当于帮你免费做了宣传推广，无形中产生了裂变。所以产品在私域曝光的成本要比在平台曝光低得多，而且这个精准推广还可能会产生二次流量。

（3）更丰富的营销玩法。私域的运营能让商家与用户建立更亲密的连接，那商家就可以基于产品做延展，不管是二次营销还是多元化营销，只要你输出的内容不让用户失望、讨厌，就有助于销售。我们身边最常见的就是分享文章到朋友圈进交流群、参与文章中的红包抽奖、评论区积赞送书等活动。这无形中就是为商家的私域流量进行了裂变和促活。当然这些只是很小一部分的玩法，也不违背互利的原则：我分享你的文章进了我想进的交流群、我帮你的文章带来一次阅读量，但我可能获得抽奖红包、我发动身边朋友帮我积赞，对你的产品进行了裂变式曝光，但我可能得到想要的书籍。不管是在现实中还是在网络上，不可能有人在商业环境里无私地付出，这是个资源互换、资源共享的互联网时代。

（4）更高的客户稳定性。私域流量可以有效防止用户流失，尤其是你经常交互的用户。通过运营私域流量，与用户建立起情感互动（交互），你推荐的产品他们不会条件反射般地当作广告去屏蔽掉，同时你的诚恳推荐也会让用户稳定性越来越好，不容易流失用户。现在很多商户都会主动以个人号去添加顾客，通过私人关系为他们提供订座、专属折扣和所谓的 VIP 服务，节日时问候、相互点赞、给予赞美的评论。商户在用户面前曝光多了，也能起到唤醒用户记忆的作用，久而久之复购率也就提升了。

（5）更利于塑造品牌和个人 IP。好品牌反映了好口碑，在某种程度上会帮助用户消除选择困难。品牌塑造的过程就是用户忠诚度提升的过程。私域流量的交互，可以拉近品牌和用户之间的距离，通过产品提供的服务把同类人群聚集在一起，这些人累计起来的影响力不容小觑。不管商户大小，掌握私域思维，能有效地促进与用户的沟通，提升用户黏性和忠诚度。在运营私域流量时，最常见的错误是沿用以前的思维。比如，很多公司让客服团队搞大量的微信个人号做朋友圈运营，但其实没有任何一个微信用户希望自己的朋友圈里多一个广告客服。私域流量转化的核心是信任。这里有一个非常重要的环节，就是个人 IP 的打造，打造一个行业意见领袖或专家的身份。

四、直播设备

1. 场地配置

个体直播对场地的要求不高，一般性的选择是客厅一角，大部分选择的是茶几+沙发的场景，可以播美食、化妆品、小饰品；也可以选计算机桌，可以播测评、美食、化妆品；还可以选户外果园，播水果等。专业的直播室有相对专业的设备，包括摄像设备、直播计算机、灯光组、背景墙、声音采集器等。

2. 使用手机直播

（1）直播手机的选择。手机直播最需要的首先就是一部内存充足、性能稳定的手机。其次就是手机支架、麦克风、声卡、补光灯等基础直播设备。

（2）直播灯光的选择。补光灯能够让美食看起来更加美味，让人物的脸部更加立体。主流的补光灯有两种：光圈补光灯和灯箱。带支架的落地补光灯，可以直接嫁接金属云台和手机架；释放双手，直播、自拍两不误；一般会有暖光、冷光和日光三色；直播起来很自然。而且，手机可以任意调节角度，使用非常方便。对灯光要求较高时还可以配置一两个灯箱。

3. 使用计算机端直播

（1）直播计算机的选择。如果要用计算机直播，配置台式计算机的时候一定要配置大主板的，主板上有空闲的PCI插槽，这些插槽可以用来插独立声卡；显示器的屏幕要大些，尽量买润眼系列的显示器，不然时间久了眼睛特别累。笔记本电脑尽量选择不低于15英寸的，太小的话可能无法正常显示直播间的信息，多数直播平台是支持宽屏的。

（2）直播灯光的选择。使用计算机直播时，可以参考使用手机直播的灯光选择。

（3）直播摄像头的选择。一款性能良好的摄像头能让主播变得更美、更迷人。摄像头主要有红外摄像头和高清摄像头，目前以高清摄像头为主。主播根据自己的需求和预算自行选择即可。

（4）直播背景的布置。直播背景很重要，如果背景"脏、乱、差"，直播间的用户会认为主播不专业，不会信任主播，不会有看下去的冲动。可以结合自己的商品来确定背景墙的颜色与整体风格，让直播间的用户感觉和谐。预算足够，可以配置一个与直播内容场景相符的背景幕布。背景布质量不好不如不要，靠近一点儿，严重失真，拉远一点儿，整个画面不协调、构图不好看。现在，用户喜欢较真实的场景。

除了上述设备，主播还可以准备一个辅助电子设备，如计算机、手机（不用配置太高），用于播放音乐、伴奏。如果在比较宽敞的地方还可以配一个蓝牙音响。

五、直播策略与方法

1. 直播营销的策略

（1）打赏和广告营销。网络平台与主播签订合约，在主播收到粉丝的打赏后，通过分成来赚取利益。粉丝花钱购买礼物送给主播的行为，是粉丝实现自我满足的过程。在这个过程中粉丝得到了虚荣心的满足，送的礼物越贵代表了对主播代理的产品的认可度越高，同时也能大大吸引所喜爱的主播的关注。网络平台常常会利用用户对主播的喜爱，在直播过程中植入一些产品广告，这样的宣传也的确取得了良好的营销效果。直播平台通过接各种广告来获取利益，广告商利用直播平台来达到宣传目的，从而达成互利共赢的目的。

（2）互动营销。垂直营销是指用户可以在看直播的同时通过发弹幕提问等方式与主播或者商家进行直接的沟通，了解更多的商品信息。垂直营销已成为越来越多直播平台获取利益的方式。这种营销手段激活了用户的体验需求，加强了主播与粉丝间的互动，以动态的形式向用户展示商品，形成更直观、更全面的感官刺激。这也是直播平台流量变现的重要手段之一。

（3）科技营销。近几年虚拟现实 VR 技术、人工智能、CDN 技术正处于突飞猛进的发展阶段，许多直播平台利用这些技术，对网络直播进行了从视觉到听觉的一系列改进，使用户的体验效果提升，缩短了用户与平台之间的距离，从同质化的营销策略危机中脱颖而出，能在短时间内吸引大量的用户围观，为网络直播平台带来了更大的潜力和发展空间。但值得注意的是，主播必须熟练使用VR技术，在直播的过程中把关注的核心集中在与用户的互动上，而非VR技术的视觉、听觉效果之上。

2. 直播过程中的常用策略

（1）互动化口语。互动性是直播的最大优势。直播带货过程中，主播与用户的互动非常频繁，有些用户还会赠送虚拟礼物给主播，这时主播要及时点名感谢。主播可以慢慢培养自己的语言风格，提升亲切感、增强信任。

（2）形象化描述。主播通过各种形象生动的比喻，搭配表情、身体动作，把产品信息、使用后的感受清晰地传达给用户，让用户也能感同身受。如在形容对戒时，可以将对戒合在一起呈现"爱心"来表达天生一对的情感卖点；又如在形容钻石火彩时，可以把火彩比喻成"好像有成千上万只精灵在你的手指上跳舞"。通常在介绍产品时，主播会把产品凑近镜头，让用户观看材质、工艺细节。

（3）营造仪式感。在上购物车之前，主播要倒数"3，2，1"来营造抢购的氛围。观看直播的用户，很难抵抗这种大规模群体一致行动的诱惑，消费冲动会被激发。带货直播的各种仪式感对激发群体效应非常有效。同样，在直播抽奖环节，也可以通过倒数截图的方式来实施。

（4）借助辅助道具。在直播的过程中，主播可以借助一些辅助道具让产品特点具体化。例如，当谈到价格优势时，可以拿出计算器现场计算；当谈到与某明星同款时，可以拿出准备好的大幅照片；当需要演示如何下单购买时，可以拿出手机演示下单的步骤。

（5）主播人格化。主播的直播状态会直接感染用户。一些主播通常会通过自嘲或与助理互黑的方式来与用户拉近距离，展示人格魅力。一场直播，不建议主播全程都在卖货，40%的时间可以分享最近的趣事、秀秀才艺、与粉丝在线互动。

（6）多轮直播抽奖。直播抽奖是预热一场直播的"重头戏"，也是把用户持续留在直播间的"撒手锏"。因此，在推荐产品的间隙，主播要不断重复"还有×分钟，我们开始下一轮抽奖"，同时拿出奖品为大家展示，提升用户活跃度。建议把大奖留在最后一轮抽奖环节。

（7）导流与成交。如果主播有淘宝店，建议开通短视频平台的橱窗功能，在直播的过程中上架相应的产品链接，直接在线下单；如果没有淘宝店，主播可以在直播间准备一个提示牌，让用户直接添加微信购买。这样可以将短视频平台的用户导流到微信做长线运营，变成主播的私域流量。

六、直播流程

1. 直播前的准备工作

这里以抖音为例来说明直播前的准备工作。

（1）账号实名认证。目前，开通抖音账号需先完成实名认证。具体的流程为：点击抖音首页右下角"我"—点击页面右上角"三条杠"—点击界面中的"设置"—点击界面中的"账户与安全"—点击"实名认证"，填写资料即可。

（2）申请开通直播。具体的流程为：点击首页下方的"+"号—点击拍摄页右下方的"开直播"—点击界面按钮"开通视频直播"—完成身份认证后，就可以开始直播了。每次需要直播时，也是同样的操作进入界面。

（3）直播三件套：直播支架，建议选择带补光灯、支撑多部手机的支架，这样可以多号联播；销售道具，销售过程中需要用到的道具；礼品堆头，在直播操作台的后面或旁边，摆好直播抽奖的礼品，礼盒建议包装精美一些。

（4）列出现有的可实现推广的渠道：外部公域流量，包括阿里系、腾讯系、字节跳动系、京东系、拼多多系、快手系、新浪系、百度系等；内部私域流量，包括品牌微信公众号粉丝、微信视频号粉丝、淘宝（天猫）店铺粉丝、京东店铺粉丝、抖音粉丝、快手粉丝、小红书粉丝、微博粉丝、百度贴吧粉丝、线下门店客户等。

（5）将直播场地与直播时间固定化。这一点是为了让用户养成看主播直播的习惯，提高主播的辨识度。

（6）将固定化的直播战场引爆。主播可以通过多个热点汇聚流量，然后用单个场景促成交易。许多主播都是将各短视频平台的流量汇聚起来，将流量引到淘宝直播间完成交易。

（7）直播产品清单预告。微博、微信公众号、微信朋友圈、微信群、视频号都是主播用来做直播产品清单预告的核心渠道。主播需要制作精美的海报，将直播的主题展现出来，直播主题包括产品分类、福利优惠等。

（8）把控直播间推广节点。主播要合理地把握推广节奏，将推广节奏进行细分，多方面、全方位地考虑用户的接受心理。

2. 直播预热

（1）发布直播预告。开播1小时前，主播应发布一条与直播相关的视频，重点提到"你是谁、你的背书、你为粉丝准备了哪些惊喜（包含抽奖）"。在发布预告时应该添加准确的定位，提高辨识度。

（2）直播链接投放。直播预告发布后，在短视频平台上支付一定的推广费，进行同省或者同城投放。主播在发布信息时添加定位，有助于与本地短视频平台用户拉近距离，获得平台的推荐，因此本地用户被吸引进直播间的可能性就会相对高一些。

（3）朋友圈预热。因为朋友圈大多是熟人或半熟人，可以提前两三天就开始预热。不建议直接发硬广告，而是以互动的方式增强微信好友的参与感，让他们出谋划策。例如，可以先用请教的口吻说："打算开抖音直播，首秀没有经验怎么办？各位朋友有哪些宝贵经验，求分享。"短视频直播是一个厚积薄发的过程，只有持续创作有价值、高颜值、有话题的内容，才能快速吸粉、提高粉丝黏性，为后续直播卖货打好基础。

（4）学习阶段：主播必须把主推款商品的详情页都浏览一遍，并且收藏相关的链接，便于直播的时候发送链接。主播还应了解产品的材质、款式等基本信息，可以提前打印出来随时学习。在直播的过程中，切忌照着纸稿从头念到尾。

（5）选择预热内容：主播应精选直播标题、预热图片，要选对目标客户具有吸引力的预热内容。

（6）游戏互动：主播要引导粉丝猜测直播销售的产品是什么，价格是多少，猜对了有一定的福利，人气积聚起来之后宣布福利。

直播要围绕自己的定位，精心准备好内容，做好内容提纲，在直播的过程中围绕提纲来发挥，当然也要遵循一般的直播规律。直播的技巧主要包括内容＋互动＋礼物，内容可以提供价值，互动可以增进感情，礼物可以促成交易。

3. 直播中的工作

（1）主播：直播前调试设备，保证处于最佳的直播状态；开播前利用彩排的时间检查产品入境的数量，花 10 分钟快速梳理讲解产品的流程（包括产品介绍、产品卖点、材质特性等）。直播的过程中，主播应

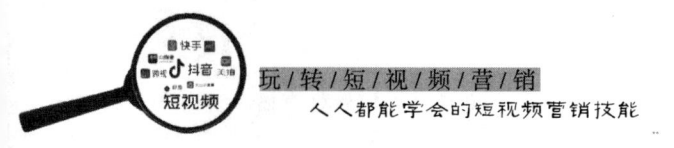

该详细介绍产品的特性、全方位展示产品的外观，将产品的特点和基本信息介绍清楚后展示产品的细节，介绍产品的材质、大小、手感等（这里可以多用形容词），将产品的卖点、特点渗透进去。主播还应介绍产品使用、保养、清洁的方法等，根据用户的评论、互动解答疑问，同时提供福利。

（2）辅助人员：直播时关注进入直播间的人数；关注并记录观众提出的问题，积极参与互动，活跃气氛；留意直播现场及直播间的状况；产品特惠链接设置；特惠链接及时下架；观众数引流。

（3）导流：导流的核心是让更多的用户进入直播间咨询，这一点要求产品方的客服必须跟得上。

（4）福利发放与吸粉的技巧。①红包/优惠券。主播在直播时，实现裂变传播的方法有很多，例如，可以让场控提前策划好，在直播时让意见领袖转发，同时发出红包或者优惠券（提前预告），在直播的最后再配上抽奖环节。需要注意的是，直播过程的视频一定要下载下来，进行后期剪辑，这时就可以配上片头、片尾，进行广告宣传，然后上传到视频平台进行推广传播。②秒杀活动。利用秒杀来带动与粉丝的互动，这样有利于提高成交额。比如单品9.9元秒杀、19.9元秒杀，这些活动对粉丝是有一定吸引力的，同时也激发用户观看直播的积极性。③时间段活动。比如设置每隔一个时间段就会有一个活动，方便没时间全程看直播的粉丝观看、购买，以制造短期的人气高峰和成交现象。此外，对于主播来说，活动有助于主播较好地把控时间。很多时候，主播在直播过程中需要依靠各种活动来支撑直播的整个流程。④随机活动。根据用户在直播间的留言与反馈，随机抽取幸运用户送礼品。或者给予主播一定的授权，以提高主播的积极性和拉长活动长度。随机活动对主播会有一定的积极作用，不过给予主播的权限也不是越大越好，其大小需要根据主播的实际执行能力来不断调整。

（5）客服承接。直播过程中加好友是与用户建立直接联系的关键一步。为了提高与用户沟通的效率，客服常常要一个人维护数万名用户。客服可以将用户的微信号聚合到管理系统后台，统一发送文字、图片、语音、视频、营销应用及外部链接等。这样就可以将用户的资料保存到后台，以方便后期进行深度开发与有效转化。

（6）收尾。在直播活动的收尾阶段，需要主播做最后的产品推广和导流。其具体措施如下。主播在这个阶段应介绍产品的优惠力度、卖点，在时间允许的情况下，可以挑选直播过程中用户最喜欢看的产品再做一遍展示；主播可以借用弹幕功能，持续不断地重复店铺的产品推介，方便对福利有问题的用户抓紧时间联系客服咨询，进一步导流；弹幕还可以持续不断地重复直播最后的大奖，拉动用户点赞、评论的热情；主播可以持续不断地邀请用户进行点赞、分享直播链接等，当点赞数到一定量时可以给用户一定的奖励。

（7）持续吸粉。主播可以通过短视频平台直接吸引目标用户。在直播的过程中，带入产品内容是很好的手段，也可以直接上购买链接，以持续吸引用户。

4. 直播后的工作

（1）保存直播视频。

（2）统计相关数据：观看总量、涨粉总量、购买意愿数、加购数、加购产品、询问数量较大的产品等。

（3）总结：好的方面，有所欠缺、需提高的方面。

七、直播内容制作

1. 内容制作的要求

（1）提高内容能见度：内容能见度即内容所能覆盖消费者的广度，主要通过直播间浮现权重和触达的人群来衡量。被覆盖的目标用户越广，则直播内容能被看见的概率就越大。这一点主要检验的是主播的运营能力。

（2）提高内容吸引度：以在单位时间内，用户在直播间停留、购买，以及互动（评论、点赞、分享等）作为考量，多取决于直播氛围、产品选择和主播引导。这一点主要检验的是产品构成及主播吸引力。

（3）提高内容引导力：与内容吸引度息息相关，是从把用户留住到引导其进店并主动了解产品的能力。这部分可依靠主播的话术建设来提升，主要检验的是主播的话术体系构建能力和控场力、吸引力。

（4）提高内容获客力：代表内容对消费者的购买行为所产生的引导转化的能力，也就是了解产品后进行了购买行为。从前期的"种草"到"拔草"成功，通过内容获得购买商品的精准消费群体。

（5）提高内容转粉力：通过持续性的内容输出，将只是短暂停留的游客变成有目的、停留时长久的用户。例如，淘宝为目前直播电商模式较为成熟的平台，主要分为网红带货+商家自播，无论是直播场次还是成交额，来自商家自播的远超来自网红带货的。

2. 直播脚本设计

直播脚本基本上分为两种：一是单品脚本；二是整场脚本。

（1）单品脚本设计。主播需要先了解产品的卖点以及利益点所在，然后可以借助短视频将产品展现出来。例如，客户去商场买东西，他希望的绝对不是看宣传单上的一些看都看不懂的术语，他更希望的是身边有一个专业导购人员介绍产品的特点、产品体验感，以此获得对产品的直观感觉。单品脚本一定要专业化，主播要把自己当成商场里的导购人员，更好地给客户介绍产品。想要做好直播的话，一定要把单品脚本设计好，把产品的卖点提炼出来。

（2）整场脚本设计。整场脚本就是将直播从开始到最后的所有内容全部设计、编排出来。例如，做一场直播，如果直播是 8 点开始，则在 8 点前主播就要进入直播间，与所有直播间的用户打招呼，进行热场准备，直播开始前的 30 分钟内，主播不需要讲太多内容，只需要不停地打招呼、进行日常互动就可以。直播开始后，主播要与用户打招呼，热场。很多主播不知道在这一阶段如何与用户进行互动。这里有一个小技巧，主播可以说"欢迎某某来到直播间"，这样就会让用户感到被重视；主播还可以与用户聊家常，让其感觉到存在感。这样的话用户也会愿意把主播的直播间分享出去，也可能会在直播间下单。因此，主播可以通过聊家常的方式，增进与用户的互动，提升用户的黏性。另外，主播可以在直播中设置一些开场音乐，提前准备好音乐包，一定要选择能传递正能量的音乐。对一些产品方来说，开场的过程十分重要。以卖口红的直播为例，主播在开场热场的活动中，就可以一边放音乐一边跟用户打招呼，还可以一边涂口红。这时候可能就会有人问："口红颜色特别漂亮，今天直播间里有活动吗？"其实这款口红本来就是这场直播要推广的产品。

①在直播开播的第 1 分钟，主播应立刻进入直播状态，主动跟先进来的用户打招呼。

②第 2~5 分钟的时候为近景直播，主播可以一边跟用户互动，一边简单地先拿身边的几款产品跟大家互动，然后抽奖等，不断地强调每天定点开播，等大部分用户进入直播间。

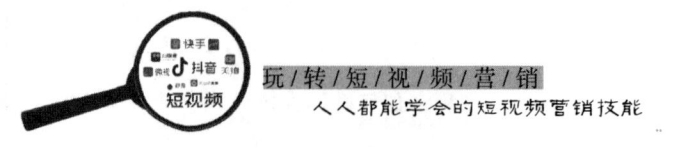

③第 6~10 分钟的时候，主播可以"剧透"当天上架的一些新款和主推款。

④第 11~20 分钟的时候，主播可以将直播中的产品全部走马观花一遍，不需要做过多停留，但是对潜在的爆款可以重点推荐。整个"剧透"进程持续 10 分钟左右，在整个过程中不要看用户的评论，要按照自己的节奏进行，不要被用户带走。

⑤开播半小时后，主播就正式进入产品逐个推荐的环节，有重点地根据用户的需求来介绍产品，设计每个产品的脚本时长以 5 分钟为宜。在直播当中，助理可以根据同时在线的人数和每个产品的点击转化销售数据来引导主播进行重点推荐，适当地做一些调整。

⑥最后 1 个小时，主播开始做呼声比较高的产品的返场推荐。

⑦最后半小时，主播可以教用户怎样去领优惠券下单。结束前 10 分钟时，主播就可以"剧透"下一次直播的新款，助理可以见缝插针地重复今日产品的相关问题。

⑧最后 1 分钟，主播可以强调关注自己下一次的直播时间、福利，然后建议用户在直播结束后，去回看一下产品的详细介绍。

八、主播人设

在 IP 概念盛行的娱乐化时代，营造好主播的人设，有利于更好地获取流量，并将流量转化为销量，借助销量赢得资本的青睐，继而借助各种营销方式实现变现。如今，短视频直播带货较为流行，优质的主播人设可以带来更多的商业价值。那么，如何在短视频直播里打造好的人设呢？具体有以下几点。

1. 寻找自身标签

要想让用户快速熟悉主播，最好的方式就是给主播贴标签。标签是熟悉一个人最快捷的方式。换句话说，人设就是标签的组合。主播需要寻找一些自身具备的有传播度并符合目标定位特点的标签。标签不是主播直接告诉用户的，而是通过视频内容以及直播展示呈现出来的。这些标签要在几乎所有视频中以及每一场直播中得到体现，用户才能对主播形成稳定的印象和记忆。假如主播未能塑造出一个区别于他人的形象，那用户就找不到忠于主播的点，主播就没有辨识度，从而难以获得关注，更难以变现。在拍摄一些电影、电视剧的过程中，许多演技一般、没有好作品的流量明星能拿到很高的片酬，而演技好的老戏骨片酬较低甚至无戏可拍，原因就在于流量明星更善于打造人设。明星如此，网红如此，许多主播亦是如此。相对于内容而言，短视频用户对于明星真实生活、娱乐八卦的爱好比较突出，流量明星正是通过贴标签、造人设，才更好地制造话题、吸引用户、获取流量的。

2. 自身辨识度

自身辨识度是短视频主播从海量的短视频或者直播中脱颖而出的重要的影响因素。要提高自身辨识度，主播就应该打造个人IP。主播首先应该对自身有清楚的定位：我是谁？我是干什么的？我凭什么让别人喜欢？要让别人喜欢就是要找到并发掘自身能吸引人并有辨识度的一个或几个点。通过对各个领域的头部短视频主播的分析可以看出，他们都有很高的辨识度，要么内容独家、要么形象独特，总有独到之处。如今，竖屏短视频已成为主流，其特点是具有更强的社交属性。人设在很大程度上取决于主播面临镜头时所展现出来的个性特征和气质。这种个性特征和气质决定了一个主播能否带动用户的情绪，引发与用户之间的互动，也决定了这个主播能否获得更多观众的喜爱，从而走得更远。以"吃不胖娘"这位主播为例，她能从众多网红中脱颖而出，坐拥千万粉丝，核心卖点便是她那甜蜜温馨的微笑。对于主播来说，要提高自身辨

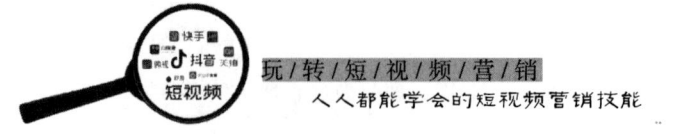

识度，应从自身出发，基于自身特质和优势去做设计。这种特质和优势可以是外表、性格，也可以是特长，只要是稀缺的特点，都可以考虑进来。一个主播如果不清楚自身的哪个点更能吸引人，就可以在身边的朋友中做个调研，让他们指明自身令人喜欢和讨厌的地方，然后做到扬长避短。这种自身特质和优势的挖掘要投入足够多的时间。主播应针对每一个可能出彩的特点分别策划视频，大胆、勇敢地去尝试。当主播挖掘到自己的特质和优势后，还需要不断深化，通过重复展现，来强化用户对自己的记忆力，进而将这个标签"据为己有"。

3. 从自身出发

主播在打造人设时，必须坚持的一个原则就是"不要说谎，但可以有选择性地说真话"。这正如应聘工作时进行面试，应聘者要做的就是展现自身比较突出的方面，对较差的方面则应该避而不谈，而不是去伪造自己不具备的好的方面。那些因突出个性和能力，打造虚假人设，结果最后人设崩塌的明星屡见不鲜，这样往往会带来严重的后果。任何人身上都有闪光点，这些闪光点可能原本只对最亲近的人才可见，现在主播可以选择让更多人看见。一个主播越真诚，其粉丝就会越信赖他，他也才会更好地营销变现。

4. 一以贯之

主播一旦设定了人设，就不能随便改变，而应该长久坚持。主播在设定人设之后，每一次选题策划的过程中都要考虑这期视频的内容是否与自己的人设相符，不能胡乱跟风追求热点。持续推送出与自身人设高度一致的视频内容，才能不断强化用户对自身IP的印象，继而形成牢固的粉丝关系。当然，并不是严格要求每一期视频内容和直播内容都必须完全与人设相符，适时推出一些背景故事、节日问候、幕后花絮、客串联动等能够增加新意的短视频，也能缩短与粉丝之间的距离，显得更加真实。

5. 深入了解用户群体

主播在结合自身特点进行人设打造时，要充分考虑该账号所面向的主要受众群体。通过对目标群体的调研，形成其画像，继而从其视角重新检视自身人设，去掉一些目标人群排斥的标签。这样可以在一开始就使得自身的人设对特定群体有充分的吸引力，从而减轻迭代所带来的压力。假如主播是美妆或者时尚领域的，主播的目标粉丝群体是大学生，则主播应当充分考虑到他们的消费能力和消费水平，选取的商品应该符合其经济承受能力。

九、变现

1. 企业宣传

由直播平台提供技术支持和营销服务支持，企业可通过直播平台进行发布会直播、招商会直播、展会直播、新品发售直播等多元化直播服务，打造专属的品牌直播间，助力企业宣传，进而实现传统媒体无法实现的互动性、真实性和及时性。

2. 带货模式

主播通过视频直播展示和介绍产品，让带货不受时间和空间的限制，并且可以让用户更直观地看到产品。用户看直播时可直接挑选、购买产品，直播间可以同时获得盈利。

3. 打赏模式

观众付费充值，买礼物送给主播，平台再将礼物转化成虚拟币，主播对虚拟币进行提现。如果主播隶属于某个公司，则由公司和直播平台统一结算，主播与公司再进行结算。这是最常见的直播类产品的盈利模式。

4. 承接广告

当主播拥有一定的名气之后，商家会委托主播对他们的产品进行宣传，同时主播会收取一定的推广费用。在直播中可以通过带货、产品体验、产品测评、工厂参观、实地探店等形式满足商家的宣传需求。

5. 内容付费

一对一直播、私密直播、在线教育等付费模式的直播，粉丝通过购买"门票"等方式才有权限进入直播间观看。但是付费直播对内容质量要求较高，只有好内容才能有效地留住粉丝，这样才能持续盈利。

参考文献

[1] 钟瑞贞.移动短视频品牌营销研究——以 KOL 营销为例 [J].视听界，2020(6):79-81.

[2] 王越，刘戈.短视频社交平台对营销方式的影响研究 [J].科技智囊，2020(11):69-74.

[3] 庞婷.短视频内容营销对消费者购买意愿的影响 [J].营销界，2020(42):7-8.

[4] 蔡婕.移动互联时代短视频营销策略研究——以某短视频为例 [J].西部皮革，2020，42(18):92-93.

[5] 段峰峰，孟飞.移动互联网时代短视频场景营销研究——以抖音短视频为例 [J].视听，2020(8):173-174.

[6] 马传明.短视频营销对品牌建设的影响——以掌阅抖音矩阵为例 [J].出版广角，2020(14):77-79.

[7] 沈国梁.短视频新内容营销：从"入眼"到"入心"[J].中国广告，2020(2):74-76.

[8] 钟紫音."短视频 +"的营销模式及策略研究 [D].南昌：江西师范大学，2020.

[9] 钟羽.短视频广告营销实践与策略[J].传播与版权,2020(5):130-132.

[10] 王恩豪,朱凯歌.移动短视频营销策略与发展前景分析——以"西瓜视频"为例[J].作家天地,2020(9):180-182.